YO SOY RIQUEZA

YO SOY ABUNDANCIA

El Secreto Metafísico
de la Prosperidad

Cómo reprogramar tu subconsciente para atraer riqueza y
manifestar abundancia con el poder infinito del yo soy y la
ley de la atracción

Neville Jung
www.TusDecretos.com

Edición original en español:

Yo Soy Riqueza, Yo Soy Abundancia

Neville Jung

www.TusDecretos.com

Primera edición marzo de 2024

Contenido

Introducción

En este libro, "YO SOY RIQUEZA - YO SOY ABUNDANCIA: El Secreto Metafísico de la Prosperidad", se presenta una poderosa guía para reprogramar la mente subconsciente y reclamar las riquezas divinas que son el derecho de nacimiento de cada individuo. Basado en las enseñanzas de grandes maestros del Nuevo Pensamiento como Neville Goddard, William Walker Atkinson y Florence Scovel Shinn, esta obra ofrece una combinación única de principios metafísicos y herramientas prácticas para atraer prosperidad y abundancia a la vida.

La premisa fundamental de este libro es que Dios, cuyo nombre real es YO SOY, habita en la imaginación de cada ser humano. Al reconocer y abrazar esta verdad, los individuos se convierten en seres todopoderosos, capaces de moldear su realidad a través de sus pensamientos y creencias. En este plano dimensional llamado Planeta Tierra, los seres humanos han venido a elegir y disfrutar de su poder del libre albedrío, y es por eso que pueden reclamar con convicción: "YO SOY RIQUEZA, YO SOY ABUNDANCIA".

A lo largo de estas páginas, se exploran revelaciones profundas y se brindan herramientas prácticas para reprogramar la mente subconsciente, liberando patrones limitantes y creencias de escasez. Se enseña cómo sintonizarse con la energía divina que fluye a través de cada individuo, atrayendo abundancia en todas las áreas de la vida. Además, se descubre el poder transformador del amor, la gratitud y la visualización, y cómo estos elementos pueden impulsar el camino hacia la prosperidad.

De especial interés es el capítulo dedicado al poder metafísico del ayuno como mecanismo para manifestar abundancia, un tema poco explorado en la mayoría de los textos sobre prosperidad. Como autor, puedo dar fe de la eficacia de este método, que se presenta para la consideración de cada lector. Asimismo, se incluye un anexo con 100 cápsulas e ideas de prosperidad que condensan los principios esenciales descubiertos sobre las leyes de la prosperidad en el Nuevo Pensamiento. Estas perlas de sabiduría pueden leerse en cualquier orden y ser integradas en la mente para reprogramarla y eliminar cualquier bloqueo hacia la riqueza.

Cada ser humano es una expresión única y perfecta de la Fuente Divina, y su propósito en esta vida es vivir en plenitud, alegría y prosperidad. Al aplicar los principios y técnicas presentados en este libro, los lectores podrán desbloquear el milagro de la abundancia y experimentar una transformación profunda en su realidad.

Neville Jung

www.TusDecretos.com

Manifiesto de la Abundancia

Antes que nada, es fundamental establecer lo siguiente: En el transcurso de los próximos treinta días y en cada ocasión que retomes la lectura de este libro después de un intervalo, te insto a dedicar tiempo a este manifiesto. Al hacerlo, prepararás tu mente subconsciente para recibir la abundancia y riqueza que, por tu innato derecho divino, te corresponden. Te invito a recitar y, si te es posible, memorizar las palabras que siguen:

YO SOY RIQUEZA - YO SOY ABUNDANCIA

Yo soy la expresión divina de la abundancia, y estoy aquí para vivir una vida plena, llena de felicidad, alegría, salud y prosperidad. Reconozco que las verdaderas riquezas residen en mi mente subconsciente, y al creer en la ley de la abundancia, atraigo todo lo que deseo a mi vida.

Afirmo que Dios reside en mí, y a través de mis pensamientos, me conecto con la Inteligencia Infinita y el Poder Infinito. Mis pensamientos tienen el poder de manifestarse en mi realidad, y al enfocarme en la

YO SOY RIQUEZA – YO SOY ABUNDANCIA

prosperidad, la riqueza, la expansión y el logro, creo una vida de abundancia.

Yo deseo para los demás lo que deseo para mí mismo, y al hacerlo, atraigo más bendiciones a mi vida. Acepto mi riqueza, salud y éxito en este momento, porque sé que Dios es el Eterno Ahora, y mi bienestar está presente en este instante.

Soy el soberano de mis pensamientos, imágenes e ideas. Elijo pensar en la belleza, el amor, la paz y la abundancia, y así diseño un futuro próspero y glorioso. Me libero del pasado y del futuro, y me enfoco en el presente, donde reside todo mi poder.

Reconozco que la fuente de todas las bendiciones está dentro de mí. Al invocar la Inteligencia Infinita, recibo respuestas y guía para manifestar la abundancia en todas las áreas de mi vida. Confío en la sabiduría divina que reside en mi mente subconsciente.

Afirmo que soy un imán para la riqueza y las oportunidades. Celebro el éxito y la prosperidad de quienes me rodean, sabiendo que al hacerlo, atraigo más abundancia a mi propia vida. Irradio amor, paz y buena voluntad hacia todos, y así abro las puertas a un flujo constante de bendiciones.

Yo soy un canal abierto para las riquezas de Dios, y permito que fluyan hacia mí de manera libre, gozosa e infinita. Utilizo el dinero y los recursos con sabiduría, y siempre hay más que suficiente para mí y para todos aquellos a mi alrededor.

Acepto que soy un ser divino con el poder de elegir mi realidad. Elijo vivir en armonía con los principios eternos de la abundancia, y así creo una vida de riqueza y prosperidad. Mi mente subconsciente está en sintonía con la Fuente Infinita de todas las bendiciones.

Yo soy un ser amado, necesario y valioso. Expreso mi propósito divino con confianza y gratitud, sabiendo que el universo conspira a mi favor. Cada día, despierto con la expectativa de lo mejor, y así atraigo oportunidades, personas y circunstancias que me llevan hacia una vida cada vez más próspera.

Por ello declaro y manifiesto:

YO SOY RIQUEZA - YO SOY ABUNDANCIA

1. Desbloquea el Milagro de la Abundancia

Es tu derecho de nacimiento dado por Dios ser rico. Estás aquí para expresar la plenitud de la vida en todos los sentidos. Tu propósito secreto en la tierra es llevar una vida feliz, alegre y gloriosa, la más abundante. Infinitas riquezas te rodean. La casa del tesoro del infinito no se encuentra en una bóveda de banco o en el tesoro de un pirata, sino dentro de tus propias profundidades subconscientes. Comienza ahora a extraer de esa maravillosa mina de oro dentro de ti todo lo que necesitas: dinero, amigos, un hogar encantador, belleza, compañía y todas las bendiciones de la vida. Lo que sea que necesites o quieras, puedes sacarlo a relucir cuando aprendas a aplicar la técnica adecuada.

Dos geólogos que estudiaron juntos tomaron caminos diferentes. Uno dedicó tiempo a aprender a aprovechar el tesoro de la mente, mientras que el otro, escéptico de los poderes mentales, se enfocó sólo en técnicas externas. Cuando ambos exploraron la misma área, el primero, guiado por su subconsciente, encontró rápidamente un rico yacimiento de uranio. El segundo, a pesar de su equipo moderno, no halló nada. Las verdaderas riquezas están en la orientación mental, no ocultas bajo tierra.

Revelación del Gran Secreto

Aunque los científicos han logrado descifrar el genoma humano, parecen olvidar que los seres humanos trascienden su biología. El Espíritu Divino reside en la humanidad. El subconsciente es parte del Eterno y sólo puede transformarse renovando la mente, como dice Romanos 12:2.

El secreto más grande es que el Reino de Dios está dentro de nosotros. La inteligencia infinita, sabiduría ilimitada, poder infinito, amor infinito y la respuesta a cada problema están en nuestra mente subconsciente. Pero la gente busca este gran secreto en todas partes excepto en su interior, aunque siempre ha estado a su alcance. Comienza a aprovechar estos tremendos poderes dentro de ti y vivirás una vida plena y feliz, basada en Dios, quien nos provee abundantemente para disfrutar (1 Timoteo 6:17). Jesús dijo: "He venido para que tengan vida, y para que la tengan en abundancia" (Juan 10:10).

Reclama Tu Riqueza Divina

Es normal y natural que desees alcanzar el éxito, el reconocimiento y la prosperidad. Deberías tener acceso a todo el dinero que necesitas para realizar lo que deseas, cuando lo desees. La pobreza no tiene virtud, es una enfermedad mental que debe erradicarse. Al igual que la riqueza, la pobreza es un estado mental. Para eliminar los barrios marginales del mundo, primero hay que eliminar los barrios marginales mentales creados por la creencia en la escasez y la carencia.

Muchas personas piensan que sólo les falta dinero para resolver sus problemas. Pero no se dan cuenta de que su enfoque en la carencia está contribuyendo a su pobreza. Tanto la riqueza como la pobreza son patrones de pensamiento e imágenes en la mente. Si utilizaran su mente subconsciente, la riqueza fluiría hacia ellos abundantemente.

Tienes derecho a disfrutar de alimentos saludables, ropa de calidad, un hogar confortable y el dinero para adquirir las cosas buenas de la vida. También necesitas tiempo para la meditación, la oración, la relajación y el ocio. La verdadera prosperidad no es sólo acumular posesiones materiales, sino también crecer mental, espiritual e intelectualmente, así como desarrollarte social y financieramente.

Explora Tu Tesoro Oculto

Una mujer divorciada con dos hijos pequeños enfrentaba graves dificultades financieras. Le expliqué que su subconsciente podía ofrecerle orientación y soluciones a sus problemas, y que podría obtener la libertad financiera que anhelaba. Le sugerí comenzar un programa espiritual concentrándose cada noche en las palabras "riqueza" y "éxito", pues todo lo que impregnara en su subconsciente se manifestaría.

El subconsciente siempre responde correctamente. Ella dejó atrás la preocupación por la pobreza y se enfocó en la riqueza y el éxito. Vio un jarrón heredado, lo subastó en línea obteniendo una gran suma, y comenzó un negocio de compra-venta de antigüedades que le permitió dejar su trabajo. Su éxito no fue un "don", sino el poder de su subconsciente conectándola con la riqueza.

La Llave Universal del Éxito

Un joven abogado en deuda que había perdido varios casos buscó ayuda. Le expliqué que nuestros pensamientos son creativos y que su mentalidad de carencia estaba creando su realidad. Le propuse un programa para cambiar su forma de pensar, enseñándole una técnica de oración enfocada en la armonía, el éxito y la prosperidad, reemplazando pensamientos negativos con afirmaciones positivas.

Con el tiempo, se convirtió en un respetado socio de su bufete y candidato a juez. Cuando pensamos en sintonía con lo divino, el poder divino obra a nuestro favor.

Invita La Abundancia a Tu Corazón

Una joven viuda con un hijo de 10 años quedó en una difícil situación financiera tras la repentina muerte de su esposo. No tenían seguro de vida y ella tenía pocas habilidades comerciales. En un e-mail, me contó que había escuchado en mi programa de radio el versículo de Filipenses 4:19: "Mi Dios suplirá todas tus necesidades conforme a sus riquezas en gloria". Estas palabras resonaron en su corazón.

Le había explicado que si nos conectamos con el Infinito en nuestro interior y creemos de corazón, la Presencia Divina responderá a cualquier necesidad de bendición, consuelo, provisión o inspiración. Está escrito: "Antes que clamen, yo responderé; estando aún ellos hablando, yo oiré" (Isaías 65:24).

Ella reflexionó sobre la idea de que Dios proveería, convencida de que Él escuchaba sus oraciones. Una profunda sensación de paz la invadió. Horas después, recibió una llamada de su cuñado, un exitoso ingeniero que se sentía devastado por la pérdida de su hermano y culpable por no haber pasado más tiempo con ellos. Sabiendo de sus dificultades financieras, quería ayudarles transfiriéndole acciones de su empresa cuyos dividendos cubrirían sus gastos básicos, además de establecer un fondo para la educación de su hijo. Prometió que nunca les faltaría nada, sólo pedía mantener el contacto.

De la Derrota al Éxito

Un vendedor de propiedades endeudado por invertir en la bolsa no lograba vender nada desde hacía meses. Conversando, noté que estaba obsesionado con envidia, celos y críticas hacia sus colegas más exitosos. Cualquier aspecto de ellos le molestaba, desde sus técnicas de venta hasta su forma de vestir. Afirmaba que el éxito de ellos probaba su propia mediocridad.

Intenté hacerle ver que sus sentimientos negativos se reflejaban en su propia vida. Al menospreciar el éxito ajeno, transmitía a su subconsciente que el éxito era algo negativo a evitar, y su mente respondía en consecuencia. Sus pensamientos obsesivos atraían carencias, limitaciones y desdichas. Lo que deseamos para otros a menudo se manifiesta en nuestra propia experiencia, pues cada uno es el único creador en su propio universo. Somos responsables de cómo percibimos a los demás y a nosotros mismos.

Al darse cuenta de esto y asumir la responsabilidad por sus pensamientos, comenzó a cambiar su actitud. Poco a poco, empezó a desear para sus colegas el mismo éxito, logros, riqueza y bendiciones que deseaba para sí mismo. Meditaba varias veces al día con esta afirmación:

"Soy un hijo del Infinito, y Sus riquezas fluyen hacia mí, libremente, con alegría y de manera infinita. Me enriquezco en todos los aspectos, con felicidad, paz, riqueza, éxito y ventas sobresalientes. Ahora estoy extrayendo las riquezas de mi mente más profunda, y los resultados prósperos llegan. Sé que cosecharé lo que siembre, porque está escrito: 'Declararás algo, y te será establecido; y la luz brillará en tus caminos' (Job 22:28)".

Su cambio de actitud se reflejó en sus relaciones laborales. Sus compañeros comenzaron a verlo como fuente de inspiración y apoyo, llamándolo a menudo para liderar talleres de ventas. Hoy dirige la sucursal más exitosa de su empresa y es reconocido por su habilidad para enseñar a vender de manera sabia, juiciosa y constructiva.

Como dice Proverbios 13:18: "La pobreza y la vergüenza serán para aquellos que rechazan la instrucción".

2. El Poder Para Enriquecerte

La Biblia nos dice: "Si puedes creer, todo es posible para aquel que cree" (Marcos 9:23). Creer implica aceptar algo como verdadero y sentir la realidad de las verdades de Dios en tu corazón. Va más allá de un mero acuerdo consciente o teórico; implica sentir la verdad en lo más profundo de tu ser. La creencia marca la diferencia entre el éxito y el fracaso, la salud y la enfermedad, la felicidad y la infelicidad, la riqueza y la pobreza. Tanto la riqueza como la pobreza son estados mentales.

Eres verdaderamente rico cuando estás consciente de la Presencia Infinita y el Poder interior que algunos llaman Dios. Eres rico cuando sabes que tus pensamientos son creativos y que atraes lo que sientes y visualizas. Eres rico cuando comprendes el proceso creativo de tu mente, que todo lo que imprimes en tu mente subconsciente se manifestará en el mundo físico.

Descubriendo la Riqueza Interior

Cuando oras constantemente por algo, estás transmitiendo ansiedad y duda sobre la capacidad de tu mente subconsciente para realizar la tarea encomendada. En lugar de eso, visualiza vívidamente el resultado deseado y confía en que tu subconsciente se encargará del resto. La mente subconsciente trabaja mejor cuando le das el espacio necesario, sin interferencias constantes.

Creatividad y Riqueza

Al orar por la sanación de otros, es importante evitar identificarse con la enfermedad. En lugar de centrarse en órganos específicos y sus problemas, identifícate con la Presencia Sanadora Infinita en tu mente subconsciente. Afirma en silencio que esta Presencia está vitalizando, sanando y restaurando a la persona en armonía, salud, paz y plenitud. Medita sobre estas ideas regularmente.

La simpatía puede empeorar los problemas al magnificar el enfoque negativo en el subconsciente. En cambio, la compasión ofrece apoyo desde un lugar de fortaleza. Cuando visites a personas enfermas, eleva sus pensamientos y sentimientos. Dales fe y confianza en el poder sanador del subconsciente. Visualízalos como completos, radiantes y saludables.

Domina Tus Pensamientos

Tus pensamientos son creativos y afectan tu realidad. Puedes dirigirlos sabiamente para crear prosperidad o limitaciones según cómo los enfoques. Aprender a dirigirlos de manera adecuada es clave para tu éxito y bienestar.

Convirtiéndote en un Exitoso Ejecutivo de Tu Mente Subconsciente

Para alcanzar el éxito, se requiere ser un ejecutivo de calidad de tu propia mente subconsciente. Los mejores ejecutivos delegan tareas efectivamente y dan espacio para que otros progresen. De manera similar, cuando oras, delega la autoridad en tu mente subconsciente, que posee sabiduría completa. Ella llevará a cabo tus oraciones de la mejor manera. Si constantemente te preocupas por los detalles de cómo se responderá tu oración, aún no confías plenamente en la sabiduría de tu subconsciente. Deja de perturbarla con preocupaciones y negatividad. Al pensar en tus deseos, mantén una actitud ligera, recordando que la Inteligencia Infinita cuida de ellos divinamente.

Pensamientos Magnéticos

Mantener una imagen mental de éxito actúa como un imán, atrayendo clientes y circunstancias que se alinean con tus pensamientos y sentimientos. Afirmar y reclamar regularmente la guía divina, la conducta adecuada y la abundancia imprime estos hábitos en tu mente subconsciente, llevándote a actuar y hablar correctamente de manera natural.

Victoria por Rendición

A veces nos encontramos luchando contra nuestras propias mentes subconscientes sin darnos cuenta. Cuanto más luchamos contra un hábito indeseado, más se arraiga. Es como hundirse en arenas movedizas - cuanto más te resistes, más te hundes. La clave está en rendirte, no a la adicción o al problema, sino a un poder superior dentro de ti.

Encuentra momentos tranquilos dos veces al día para conectarte con tu sabiduría interior. Respira profundamente hasta relajarte y volverte receptivo. Luego afirma y visualiza tu libertad del hábito, viendo y sintiendo los resultados positivos. Al imprimir regularmente estos pensamientos positivos, se arraigan profundamente en tu subconsciente, llevándote a superar el hábito de manera natural.

Un enfoque más tranquilo y colaborativo, en contraste con la lucha, mejora todas las áreas de tu vida. La mente calmada logra los mejores resultados. Cuando tu mente consciente está serena y receptiva, la sabiduría de tu subconsciente emerge brindando soluciones maravillosas.

Deja que la Divinidad Enriquezca Tu Vida

A veces nos involucramos tanto en problemas externos que olvidamos el inmenso poder a nuestra disposición. En esos momentos, dirige tu atención hacia tu sabiduría subconsciente y ora así: "La sabiduría divina y la acción correcta divina de mi subconsciente resolverán este problema. Libero este asunto y lo dejo ir".

Cada vez que debas lidiar con el problema, decreta en silencio: "La Presencia de Dios dentro de mí es sabia y se ocupa de esto en Orden Divino. No estoy supervisando cómo, cuándo, dónde o a través de qué medio se resolverá. Lo libero y permito que Dios se encargue". Esta mentalidad permite resoluciones milagrosas, liberándote de las cargas.

Un Futuro Resplandeciente Te Espera

No desperdicies tu energía reflexionando sobre molestias, rencores y quejas pasadas. Es como abrir una tumba y solo encontrar esqueletos. Enfoca tu atención en lo positivo. Comprende que el futuro puede ser maravilloso porque tus pensamientos armoniosos germinarán y florecerán, produciendo salud, felicidad, abundancia y paz. Deja atrás el pasado y avanza. Al cambiar y mantener pensamientos positivos, transformarás tu destino.

El Poder de la Oración Maternal

Una madre angustiada por la partida de su hijo hacia una secta aprendió a liberarlo completamente en manos de Dios. Con sinceridad y confianza, decretó: "Dejo a mi hijo por completo en manos de Dios. Él es guiado divinamente en todos sus caminos y la sabiduría divina ilumina su intelecto. La ley y el orden divinos prevalecen en su vida. Está destinado a encontrar su verdadero camino y expresarse al máximo. Lo libero y dejo que siga su propio rumbo".

Ella mantuvo fielmente esta oración, afirmando paz, armonía, alegría y amor divino para su hijo y para sí misma. Pronto, él se desilusionó con la secta y regresó a la universidad, explorando la sabiduría espiritual auténtica. La madre descubrió las riquezas del amor divino y la libertad al dejar de pensar desde las circunstancias y decretar el orden divino, permitiendo que la sabiduría subconsciente se encargara del resto.

Sembrando Pensamientos Prósperos

Piensa constantemente en la vida, la iluminación, las inspiraciones, la armonía, la prosperidad, la felicidad, la paz y una vida más plena. Concéntrate en estas verdades en lugar de condiciones específicas. Confía en el funcionamiento de tu mente subconsciente para manifestar estas ideas de la manera más adecuada para ti. Este enfoque te llevará a una vida más satisfactoria.

3. Bienvenido al Club de La Riqueza

Dios, en su infinita bondad, nos brinda generosamente todas las cosas para que las disfrutemos (I Timoteo 6:17). La verdadera riqueza proviene de tu mente, de ese principio rector en tu interior que puede llevarte a cumplir los deseos más profundos de tu corazón. La riqueza es un estado de conciencia, una actitud mental, una aceptación de la abundancia infinita que está a tu disposición.

Recuerda que naciste en un mundo lleno de recursos y oportunidades. La vida misma es un regalo que se te ha otorgado para que expreses tu potencial y liberes tus talentos ocultos. Una vez que aprendas a aprovechar el poder de tu mente subconsciente, nunca más te faltará nada bueno en la vida, ya sea salud, paz, éxito, abundancia o un hogar encantador. Tendrás todo el dinero que necesitas para hacer lo que desees, cuando lo desees.

La clave para alcanzar la riqueza radica en tus pensamientos. Tu pensamiento es creativo por naturaleza. Comienza a enfocarte de manera regular y sistemática en ideas de éxito, logro, victoria, abundancia y plenitud. Así es como manifiestas tus deseos en el mundo físico.

Tu imagen mental es la verdadera riqueza. Visualizarte a ti mismo disfrutando de las experiencias que anhelas es una poderosa técnica para activar tu mente subconsciente. Al concentrarte en imágenes vívidas y detalladas de lo que deseas, estás enviando un mensaje claro a tu mente más profunda para que lo materialice en tu realidad.

La constante afirmación de tus sueños y metas es fundamental para grabarlos en las profundidades de tu subconsciente. Al repetir continuamente una declaración positiva, logras impulsarla hacia la manifestación de una manera extraordinaria. Recuerda las palabras de Nehemías: "El Dios del Cielo, Él nos hará prosperar" (Nehemías 2:20).

El Señor, ese poder supremo de tu mente subconsciente, es como un Padre interior que domina tus pensamientos. Tu creencia dominante es la que dirige tus experiencias de vida. Si estás convencido de que tienes derecho a todas las cosas buenas, como la salud, la riqueza, el amor, la expresión auténtica y una vida abundante, entonces eso es lo que experimentarás. Por otro lado, si crees que estás destinado a la pobreza y que las bendiciones no son para ti, atraerás carencias, necesidades, frustración y limitaciones autoimpuestas.

Tus pensamientos tienen un poder creativo innato. Cada pensamiento que inicias tiende a materializarse, a menos que sea superado por un pensamiento más poderoso y de mayor intensidad. Aquellos que disfrutan de los bienes de este mundo manifiestan una conciencia de riqueza y una esperanza alegre en lo mejor. Todo lo que experimentas es el resultado de la ley de tu mente. Al enfocarte en la idea del aumento del bien, nutrirla y sostenerla, atraes más riqueza y prosperidad a tu vida. En cambio, quienes solo piensan en la disminución, la carencia y la limitación, atraen más pérdidas y carencias. La ley de tu mente subconsciente amplifica cualquier idea que se implante en ella.

Para comenzar a aplicar la Ley del Aumento en tu vida, recuerda que aquello a lo que prestas especial atención tiende a crecer y expandirse. La atención es la clave. Visualiza el crecimiento en todas las áreas. Siéntete como una persona exitosa y próspera, y notarás cómo ese sentimiento de riqueza atrae más riqueza. Además, desea éxito, felicidad y abundancia a todos a tu alrededor, sabiendo que al hacerlo también atraes más prosperidad hacia ti. A medida que irradias abundancia y riqueza a los demás, ellos absorben esos pensamientos de manera inconsciente y se benefician de la energía positiva que emanas.

Puedes bendecir silenciosamente a todas las personas que encuentres con esta simple oración: "Dios te ha brindado abundantemente todas las cosas para que las disfrutes, y eres próspero más allá de tus sueños más queridos". Esta práctica puede tener un impacto positivo en tu propia vida.

En tu negocio o profesión, aplica la Ley del Aumento siendo consciente, amoroso y emocionalmente conectado con tus pensamientos de riqueza, éxito, prosperidad y salud. Así crearás las condiciones necesarias para avanzar en tu camino de manera automática. Atraerás a más personas que se convertirán en clientes, amigos y socios que te ayudarán a alcanzar tus metas. Subconscientemente, resonarás con aquellos que viven en la conciencia de la abundancia divina.

En contraste, alguien que se enfoca constantemente en la pérdida, la carencia y el fracaso no puede esperar prosperar y tener éxito. Job lo expresó claramente: "Lo que tanto temía es lo que me sucedió" (Job 3:25). Nuestra mente es poderosa y crea nuestra realidad. Si alguna vez te encuentras en una situación de escasez, puedes comenzar a aplicar la Ley del Aumento y atraer riqueza, éxito y abundancia nuevamente a tu vida.

Para comprender las ventajas de la Ley de la Opulencia, es necesario experimentarla. Así como conoces las cualidades de una naranja al probarla y comerla, puedes entender las riquezas de tu subconsciente al aplicar esta ley en tu vida. Recuerda que la fuente de suministro se encuentra dentro de ti, y respondes a tu fe en los recursos infinitos de las inagotables riquezas de tu mente subconsciente. Cada mañana y cada noche, puedes afirmar: "Siempre estoy agradecido por las riquezas de Dios que son siempre activas, constantes, inmutables y abundantes". Así nunca te faltarán los recursos para operar tu negocio y expandirlo.

Escucha la verdad y nunca carecerás. El Espíritu Infinito, la fuente de todas las bendiciones, el creador del mundo y todo lo que contiene, reside en ti. No posees nada en el universo; Dios, o el Espíritu, es el dueño de todo. Eres un administrador de lo Divino y estás aquí para utilizar la riqueza del mundo de manera sabia, juiciosa y constructiva, reclamando la sabiduría Divina en la gestión de todas tus posesiones terrenales.

Tu fe, confianza y creencia en la bondad de Dios y en el gozo del Señor, que es tu fuerza, representan las verdaderas riquezas que llevarás contigo a la siguiente etapa de la vida; estos son los tesoros del cielo (tu mente).

El mundo entero es tuyo para disfrutar. La naturaleza es pródiga, lujosa, exuberante e incluso generosa. Es la intención y la voluntad de Dios que lleves una vida plena y feliz. Debes vivir rodeado de lujo y belleza, siempre recordando la infinita e indescriptible magnificencia del Infinito. Debes tener todo el dinero que necesitas para hacer lo que deseas, cuando lo deseas. Tus hijos deben crecer en un entorno hermoso y en una atmósfera de amor divino. Enséñales sobre los recursos infinitos dentro de las profundidades de sus propias mentes, para que nunca carezcan de nada bueno.

Para aprovechar la fuente inagotable dentro de tu subconsciente, invoca la gran ley de la opulencia y el aumento reconociendo que Dios es la fuente de tu suministro, ya sea energía, vitalidad, ideas creativas, inspiración, amor, paz, belleza, acción correcta o riqueza. Los poderes creativos de tu subconsciente pueden traer todas estas cosas a la existencia. Aprópiate mentalmente y experimenta una salud floreciente, armonía, belleza, acción correcta, prosperidad abundante y todas las riquezas de tu mente más profunda. Irradia vitalidad y buena voluntad para todos. Ofrece un mejor servicio cada día. Las riquezas de Dios fluyen eternamente en tu experiencia, y siempre hay un exceso Divino. Todos estos pensamientos se hunden en tu subconsciente y emergen como abundancia, seguridad y paz mental. Como siembras en tu subconsciente, así cosecharás. La Biblia dice: "El desierto y el lugar solitario se regocijarán por ellos; y el desierto se alegrará, y florecerá como la rosa" (Isaías 35:1).

4. Tu Pase a la Abundancia Eterna

El amor es la fuerza liberadora que abre las puertas de la prisión mental y emocional. Al perdonar y amar incondicionalmente, te liberas a ti mismo y a los demás del resentimiento y la hostilidad. El amor divino llena tu alma, permitiendo que la paz fluya a través de tu mente y corazón.

Honra la presencia Divina dentro de ti, reconociendo tu cuerpo como un templo sagrado. Disfruta de tus alimentos con alegría, sabiendo que se transforman en belleza y armonía. Afirma que Dios te necesita exactamente en donde estás y que tu expresión es divina. Siente el amor y la apreciación de quienes te rodean. Irradia amor, paz y buena voluntad hacia todos. Nútrete con las ideas de Dios que te fortalecen y te llenan de energía divina.

La verdadera fe implica comprender que la Presencia Infinita que te creó conoce todos los procesos de tu cuerpo y sabe cómo sanarte. Al sintonizarte con este poder curativo y creer que responderá, obtendrás resultados. La fe auténtica combina tu mente consciente y subconsciente dirigidas hacia un propósito específico, a diferencia de la fe ciega basada en objetos o lugares sagrados externos.

Si estás enfermo, busca ayuda médica y ora por ti y por el médico. Honra su conocimiento, ya que Dios lo ha creado para ayudarnos. Confía en que la sanación llegará, pero si no es así, consulta a los expertos apropiados. La verdadera fe se basa en la colaboración con la sabiduría divina, utilizando todos los recursos disponibles para alcanzar la salud.

A veces, una sanación emocional temporal ocurre en ambientes cargados emocionalmente, pero estas sugestiones hipnóticas tienden a desvanecerse. La curación duradera se encuentra en el perdón, el amor y la visión espiritual. Las emociones destructivas contribuyen a la enfermedad, por lo que es esencial perdonar plenamente y liberar todo pensamiento negativo. Visualiza la Luz Sanadora de Dios enfocada en tu mente, permitiendo que el Espíritu Santo habite en cada pensamiento y célula. Da gracias por la sanación que está ocurriendo, sabiendo que proviene del Altísimo.

Las creencias y expectativas pueden activar poderes latentes en la mente subconsciente. Estos poderes siempre han estado presentes, esperando ser reconocidos y utilizados. Estás despertando el don de Dios que reside en ti.

La comprensión de la mente y las emociones es clave para la curación. Las emociones negativas reprimidas pueden manifestarse en forma de síntomas físicos. Es importante recordar que a los ojos de Dios no existe tal cosa como un hijo ilegítimo. El verdadero hijo ilegítimo es aquel que piensa negativamente y no sigue la Ley del Amor. Trabajar en el perdón y soltar el sentido de indignidad es esencial para la sanación.

Dios nunca castiga; las personas se castigan a sí mismas por el mal uso de las leyes de la mente. Para liberarte, perdónate y deja de condenarte. Alinea tus pensamientos con la ley divina de la armonía y el amor. Un nuevo comienzo puede significar un nuevo final.

Afirma que el amor divino, la paz y la armonía llenan todo tu ser y que estás siendo guiado por una Presencia superior. Concéntrate en el Poder Sanador del amor de Dios y expresa tu gratitud.

A veces, experiencias traumáticas del pasado pueden causar miedos y bloqueos emocionales. Pero no importa lo que haya sucedido, puedes cambiar llenando tu mente subconsciente con patrones positivos. En la mente no hay tiempo ni espacio, y lo inferior siempre está sujeto a lo superior. Llena tu mente con las verdades de Dios para desplazar todo lo que no es de Él.

Medita frecuentemente para la prosperidad: "Harás que tu camino sea próspero, y entonces tendrás buen éxito" (Josué 1:8). Establece un patrón de éxito y prosperidad en lo profundo de tu mente. Identifícate con la fuente infinita de suministro. Escucha la voz tranquila de Dios dentro de ti que guía todas tus actividades. Eres uno con la abundancia divina.

Cree que hay nuevas y mejores formas de llevar a cabo tus negocios; la Inteligencia Infinita te revela nuevos caminos. Estás creciendo en sabiduría y comprensión. Tus asuntos son de Dios y eres divinamente prosperado en todos los sentidos. La sabiduría divina revela las formas por las cuales todo se ajusta correctamente.

Las palabras de fe y convicción que pronuncias abren todas las puertas necesarias para tu éxito y prosperidad. Confía en que el Señor perfeccionará lo que te concierne. Tus pasos se mantienen en el camino perfecto, porque eres un hijo del Dios Viviente.

5. Pensamiento Positivo

El mundo entero y todas sus riquezas existían antes de que nacieras. Reflexiona sobre las inmensurables riquezas aún por descubrir a tu alrededor, esperando que la inteligencia humana las haga florecer. Hoy en día, hay más millonarios y multimillonarios que en cualquier otro momento de la historia. Una sola idea hecha realidad puede llevarte a la prosperidad. Estás aquí para liberar tu potencial interior y rodearte de lujo, belleza y abundancia. Cuanto antes empieces, mejor será para ti y para todos.

Amistad con el Dinero

Tu actitud hacia el dinero es crucial. Una relación amistosa con el dinero te asegurará tenerlo siempre en abundancia. Es natural y legítimo desear una vida más plena, rica, feliz y maravillosa. El dinero es el medio por el cual Dios mantiene la salud económica de las naciones. Cuando el dinero fluye libremente en tu vida, gozas de salud financiera.

Comienza a ver el dinero en su verdadero significado: un símbolo de intercambio. El dinero debería representar para ti liberación de la miseria, belleza, abundancia, seguridad y sofisticación.

Evita Los Pensamientos de Carencia

La pobreza, ante todo, es una actitud mental. Una talentosa escritora, a pesar de tener varios artículos aceptados para publicación, decía no escribir por dinero. Al indagar sobre su opinión del dinero, expresó rechazo a la idea de que su escritura, que inspira y anima a otros, fuera recompensada económicamente. Creía que el dinero era la raíz de todos los males y que corrompía todo, por lo que los pobres eran más cálidos y humanos que los ricos.

Sin embargo, no hay maldad intrínseca en el universo. El bien y el mal provienen de los pensamientos y motivaciones humanas. Todo mal surge de una interpretación errónea de la vida y un mal uso de las leyes mentales. La única maldad es la ignorancia, y su consecuencia el sufrimiento.

Un billete en sí mismo es sólo un trozo de papel inofensivo. Son nuestros pensamientos los que le dan poder e importancia, volviéndolo bueno o malo. Debes permitir que la riqueza fluya hacia ti mientras creces en todos los aspectos, desarrollando y expresando tus talentos. Esto podría ser mucho más sencillo de lo que crees.

Nuevas Ideas Para Nueva Prosperidad

Siguiendo la sugerencia de adoptar una nueva actitud hacia el dinero, esta escritora comenzó a rezar diariamente antes de escribir:

"Mi escritura sale para bendecir, sanar, inspirar, elevar y dignificar las mentes y corazones de hombres y mujeres, y soy recompensada divinamente de manera maravillosa. Considero el dinero como una sustancia divina, pues todo está hecho del mismo Espíritu. Sé que materia y espíritu son uno. El dinero fluye constantemente en mi vida y lo uso con sabiduría y de forma constructiva. El dinero fluye hacia mí con alegría, abundancia e infinitamente. El dinero es una idea en la Mente de Dios, y es bueno y muy bueno".

Este cambio de actitud tuvo un impacto extraordinario en su vida. Superó sus creencias erróneas de que el dinero era malo y la pobreza virtuosa. Se dio cuenta de que era su condena subconsciente al dinero lo que lo alejaba en lugar de atraerlo. Sus ingresos se triplicaron en tres meses, y eso fue sólo el comienzo de su prosperidad.

Cambio de Juego

Un ministro con gran cantidad de seguidores, a pesar de su profundo conocimiento de las leyes mentales, siempre tenía dificultades económicas. Citaba erróneamente las Escrituras: "Porque el amor al dinero es la raíz de todo mal"

(1 Timoteo 6:10), omitiendo que más adelante se nos insta a poner nuestra confianza en el Dios viviente, quien nos provee generosamente todo para disfrutar (1 Timoteo 6:17).

La Biblia nos enseña a dar nuestra lealtad, devoción y fe a Dios, la Fuente de todo. No debemos otorgar eso a las creaciones, sino al Creador. Si alguien dice que sólo quiere dinero y nada más importa, tal vez lo logre, ¡pero a qué costo! Estaría descuidando su deber de llevar una vida equilibrada, buscando también paz, armonía, belleza, guía, amor, alegría y plenitud en todas las facetas.

Convertir el dinero en el único objetivo sería un error. Debes expresar tus talentos, encontrar tu verdadera vocación y experimentar la alegría de contribuir al crecimiento, felicidad y éxito de otros. Al estudiar y aplicar correctamente las leyes del subconsciente, puedes tener todo el dinero que desees y, a la vez, disfrutar de paz mental, armonía, integridad y serenidad. Acumular dinero en detrimento de todo lo demás desequilibra y perturba a la persona.

El dinero es una sustancia neutra, no hay nada inherentemente bueno o malo en él. Es el pensamiento lo que lo hace así. Este ministro comenzó a pensar en todo el bien que podría hacer si tuviera más dinero. Cambió su actitud, dejó de lado su superstición y comenzó a afirmar con audacia, regularidad y de manera sistemática:

"El Espíritu Infinito revela mejores maneras para que yo sirva. Estoy inspirado e iluminado, y transfiero divinamente fe y confianza en la Presencia Única y el Poder a todos aquellos que me escuchan. Considero el dinero como una idea de Dios, y fluye constantemente en mi vida y en la de mi congregación. Lo utilizamos con sabiduría, discernimiento y constructivamente bajo la guía y sabiduría de Dios".

Esta oración activó los poderes de su subconsciente. Hoy tiene una hermosa iglesia construida por y para su congregación. Sus programas de televisión difunden sus enseñanzas a millones. Tiene todo el dinero necesario para sus necesidades personales, materiales y espirituales. Y ya no critica al dinero.

La Clave Maestra

Si sigues este procedimiento, nunca más te faltará dinero:

Razona que Dios, o el Principio de la Vida, es la Fuente del universo y de todo lo que ves. El Principio de la Vida te ha dado existencia, y todos los poderes, cualidades y atributos de Dios están dentro de ti. Reflexiona:

Todo lo que ves proviene de la mente invisible de Dios, o de la Vida. Todo lo que la humanidad ha inventado, creado o realizado ha surgido de la mente invisible del ser humano.

La mente del ser humano y la mente de Dios son una, pues compartimos una mente común. Dios es la Fuente de nuestra energía, vitalidad, salud y creatividad. Dios es la Fuente del sol, el aire que respiramos, la comida que consumimos y el dinero en nuestro bolsillo. Todo proviene de lo Invisible. Para Dios, convertirse en riqueza en nuestra vida es tan fácil como convertirse en una brizna de hierba.

1. Decide ahora grabar en tu subconsciente la idea de la riqueza. Las ideas se arraigan mediante la repetición, la fe y la expectativa. Al repetir un pensamiento o acto una y otra vez, se vuelve automático. Como el subconsciente es compulsivo, te impulsará a expresarlo. Comprende la importancia de este proceso.

2. Repite la siguiente afirmación 5 minutos por la noche y por la mañana: "Estoy imprimiendo en mi subconsciente la idea de la riqueza de Dios. Dios es la Fuente de mi suministro y todas mis necesidades se satisfacen en cada momento y lugar. La riqueza de Dios fluye libremente, con alegría e incesantemente en mi experiencia, y doy gracias por las riquezas de Dios que circulan eternamente en mi vida".

Cuando te asalten pensamientos de carencia, como "No puedo permitirme ese viaje" o "No puedo pagar esa factura", nunca termines una declaración de manera negativa sobre tus finanzas. Invierte de inmediato afirmando: "Dios es mi suministro inmediato y eterno, y esa factura se paga en orden Divino". Si un pensamiento negativo te asalta 50 veces en una hora, cada vez reviértelo pensando: "Dios es mi suministro inmediato, satisfaciendo esa necesidad en este momento".

Con el tiempo, la idea de carencia perderá fuerza y notarás que tu subconsciente se adapta a la abundancia. Si te atrae un auto nuevo, nunca digas: "No puedo permitírmelo". En su lugar, afirma: "Ese auto está disponible. Es una idea Divina y la acepto en Orden Divino".

Esta es la llave maestra. Cuando se aplica como se describe, la ley de la opulencia funcionará para ti, al igual que para los demás. La ley de la mente funciona equitativamente para todos. Tus pensamientos pueden hacerte rico o pobre. Elige la abundancia aquí y ahora.

Una Corta Historia

Un gerente de ventas envió a una de sus empleadas para asesoramiento. Era una brillante graduada universitaria que conocía muy bien sus productos. Estaba en un territorio lucrativo, pero ganaba solo alrededor de $30,000 al año en comisiones, cuando podía fácilmente duplicar o triplicar esa cifra.

Se descubrió que tenía baja autoestima. Había nacido en una familia atrapada en la pobreza, y sus padres siempre consideraron que su destino sería el mismo. En lugar de fomentar sus aspiraciones hacia una vida mejor, se burlaron de sus sueños, diciéndole que tenía ideas por encima de su posición. Su subconsciente, especialmente influenciable a temprana edad, aceptó estas creencias impuestas. Incluso cuando eligió una profesión que le brindaba la oportunidad de alcanzar sus sueños, su creencia subconsciente en la carencia y la limitación la detenía.

Se le explicó esto y se le dijo que podía cambiar su subconsciente alimentándolo con patrones de pensamiento que le dieran vida. Se le proporcionó una fórmula mental y espiritual para transformar su vida, enfatizando que nunca debía negar lo que afirmaba, ya que su subconsciente aceptaría y manifestaría lo que realmente creía. Cada mañana antes de trabajar, repetía la afirmación:

"Nací para tener éxito; el Infinito dentro de mí no puede fallar. La ley y el orden divinos rigen mi vida; la paz divina llena mi alma; el amor divino satura mi mente. La Inteligencia Infinita me guía en todo. Las riquezas de Dios fluyen hacia mí libremente. Estoy avanzando, creciendo mental, espiritual y financieramente en todas las áreas y formas. Sé que estas verdades se arraigan en mi subconsciente y crecerán según su especie".

Tu Subconsciente, Multiplicador de Tus Ganancias

Un año después, esta representante de ventas informó que su vida había cambiado completamente gracias a las ideas compartidas. Aprendió a valorarse y apreciar la vida. Cosas maravillosas ocurrieron. Sus comisiones alcanzaron casi los $150,000, aproximadamente cinco veces más que el año anterior. Además, su jefe le ofreció supervisar las ventas en todo un distrito.

Se dio cuenta de que su éxito vino como resultado de entender la simple verdad de que todo lo que introduces en tu subconsciente se vuelve efectivo y funcional en tu vida.

Palabras de Prosperidad

La alegría es la fuerza vital más básica y fundamental. No necesitas analizar cómo encontrarla ni luchar por alcanzarla. Simplemente reconoce y afirma que la alegría del Señor fluye a través de ti en este momento. Experimenta la libertad y serenidad que esto trae a tu vida.

Cuando oras con fe, pueden ocurrir milagros en diversas áreas. Un profesor aplicó técnicas de oración con sus estudiantes, pidiéndoles que afirmaran diariamente ser guiados por la Inteligencia Infinita, irradiar amor, aprobar sus exámenes y ser felices. Esto transformó significativamente el desempeño y actitud de los alumnos.

La oración también puede sanar relaciones. Una pareja al borde del divorcio comenzó a orar el uno por el otro, disolviendo el resentimiento y permitiendo que el amor divino llenara sus corazones. Oraban viéndose mutuamente como hijos de Dios, guiados por Él hacia la armonía y prosperidad. Esto no solo restauró su matrimonio, sino que también ayudó al esposo a recuperar su trabajo.

Afirma constantemente que Dios multiplica tu bien en todos los aspectos - espiritual, mental, intelectual, financiera y socialmente. No hay límite para la grandeza en tu vida. Observa las maravillas que suceden cuando interiorizas estas verdades.

Vigila tus pensamientos y palabras. Nunca hables de carencias o limitaciones, sino cuenta tus bendiciones y piensa en la prosperidad. Habla de las riquezas de Dios presentes en todas partes. Sentirte rico crea riqueza, mientras que enfocarte en la falta la genera. Usa el dinero con generosidad y gratitud, reconociendo que la abundancia divina fluye hacia ti.

Busca la guía de Dios y confía en que Él satisface todas tus necesidades según Sus gloriosas riquezas. Adopta esta mentalidad y la ley invisible de la abundancia se manifestará visiblemente en tu vida. Como dice Filipenses 4:19, "Mi Dios, pues, suplirá todo lo que os falta conforme a sus riquezas en gloria en Cristo Jesús."

Una empresaria comparte el secreto de su éxito: cada mañana ora afirmando que la paz y el amor de Dios la llenan, guían y prosperan. Declara que Su Presencia sanadora bendice e inspira a todos los que entran a su negocio. Agradece por sus clientes y afirma que están guiados, felices y llenos del amor divino. Esta práctica ha multiplicado su clientela y expandido su negocio más allá de sus sueños.

Vive con la alegre expectativa de lo mejor, sabiendo que invariablemente lo mejor vendrá a ti. Satura tu mente con versículos como Hechos 17:25, "Él da a todos vida y aliento y todas las cosas." No dependas de las personas para encontrar alegría, salud, éxito o paz mental. Enfócate en el Espíritu Todopoderoso dentro de ti. Como dice Proverbios 16:20, "El que confía en el Señor, es bienaventurado." Contempla la promoción, el logro, la iluminación y la inspiración, y el Espíritu del Todopoderoso se moverá en tu nombre, impulsándote a expresar plenamente aquello en lo que meditas. Permite que las riquezas infinitas te abran nuevas puertas y que las maravillas sucedan en tu vida.

En la terapia de oración, evita la lucha y la tensión, signos de incredulidad. Toda la sabiduría y poder para resolver cualquier problema residen en tu subconsciente. Relaja tu cuerpo y mente, permitiendo que la sabiduría interior emerja con la solución que necesitas. Puedes evaluar el éxito de tu oración por cómo te sientes después. Si sigues preocupado, preguntándote cómo llegará la respuesta, estás interfiriendo en lugar de confiar plenamente en la Inteligencia Infinita. Mantén una sensación de ligereza al pensar en tu deseo, sabiendo que está siendo atendido de manera divina.

En cuanto a la frecuencia para orar, hazlo hasta que sientas satisfacción interior o que es lo mejor que puedes hacer en ese momento. Confía en que tu petición de armonía, integridad, vitalidad y abundancia será respondida. La paz y certeza interior te indicarán que tu oración ha sido escuchada. Evita largas sesiones, pues pueden sugerir que intentas forzar las cosas. Una oración breve y sincera suele ser más efectiva.

Aprende a soltar y relajarte, sin conceder poder a la aflicción sino a la Presencia Sanadora. Como al flotar en el agua, mantenerte tranquilo te mantiene a flote, mientras que el nerviosismo o temor te hunden. Al buscar sanación espiritual, sumérgete en la Santa Omnipresencia. Reconoce que el río dorado de la vida, el amor, la verdad y la belleza fluye a través de ti, transformando todo tu ser en armonía, salud y paz. Identifícate con ese río de vida y amor. Siente que nadas en el vasto océano de la vida. Esa unidad con Dios renovará tu espíritu, como dice el Salmo 23:3, "Él restaura mi alma."

6. Activa Tu Mente Hacia La Prosperidad

La verdadera prosperidad trasciende el éxito material. Se trata de crecer en todas las dimensiones de tu ser: espiritual, mental, financiera, social e intelectualmente. Para alcanzar una prosperidad auténtica, debes convertirte en un canal abierto por el cual la energía vital fluya libre y armoniosamente, con alegría y amor. Si realmente anhelas esto, te sugiero establecer una rutina definida de trabajo interno y practicarla diariamente.

Pensamientos Transformadores de Abundancia

Muchas personas oran por prosperidad durante años, pero a menudo se encuentran estancadas en la pobreza. La razón es que, inconscientemente, dedican más tiempo a preocuparse por la escasez que a visualizar la abundancia. Nuestros pensamientos y creencias tienen un inmenso poder creativo. Al enfocarnos en la carencia, la atraemos. En cambio, al centrarnos en la riqueza, la generamos.

La clave está en transformar nuestra forma de pensar. Medita en oraciones y afirmaciones de prosperidad cada mañana y noche. Graba en tu mente subconsciente verdades como:

"Soy un canal abierto y receptivo para la armonía, la belleza, la guía, la riqueza y la abundancia del Infinito. La salud, la riqueza y el éxito provienen de mi interior y se manifiestan en mi vida exterior. Estoy en sintonía con las riquezas infinitas, tanto internas como externas. Estos pensamientos se están grabando en mi subconsciente y se reflejarán en mi realidad. Deseo que todos experimenten las bendiciones de la vida. Estoy abierto y receptivo a las riquezas de Dios en abundancia."

Al afirmar estas verdades e incorporarlas en tu mente más profunda durante al menos diez minutos dos veces al día, liberarás tu potencial ilimitado para la prosperidad. Oportunidades inesperadas y mejores circunstancias fluirán naturalmente hacia ti cuando adoptes una mentalidad de abundancia.

El Pensamiento Sanador

Tus pensamientos habituales moldean tu experiencia de vida. Si constantemente te repites que eres aburrido, que no tienes amigos o que la vida es monótona, esos pensamientos negativos perpetúan y agravan el problema.

Lo que enfocas en tu mente subconsciente se magnifica y manifiesta.

En cambio, al adoptar afirmaciones positivas como: "Soy feliz, alegre y libre. Soy amoroso, armonioso y pacífico." - repetidas sistemática y regularmente - puedes transformar una existencia apagada en una vida plena y rica, con nuevos intereses, amistades y una renovada percepción de la riqueza interior.

Como lo expresó el salmista: "Canta alabanzas al Señor, que es tu fortaleza." (Salmos 59:17) Al adjuntar a tus pensamientos ideas constructivas, verás esos cambios reflejados en tu mundo externo. Recuerda, todo lo que atas en tu mente se manifestará.

Diseña Tu Prosperidad y Felicidad

Una vida emocionalmente empobrecida o una rutina agotadora no son más que estados mentales, al igual que la felicidad y la prosperidad. Tienes el poder de efectuar cambios reales y dramáticos simplemente ajustando tu forma de pensar. Afirma regularmente:

"El éxito, la alegría y la acción correcta son míos. El río de la paz de Dios fluye a través de mi mente, cuerpo y actividades, y todo lo que emprendo tiene éxito. Así como un ingeniero planifica un puente, yo ahora planeo prosperidad y felicidad. Creo firmemente en la promesa bíblica: Pide, y se te dará; busca, y hallarás; llama, y se te abrirá." (Mateo 7:7)

Al despertar el don de la prosperidad divina dentro de ti mismo, tu relación con el hogar, la familia y todas las áreas de tu vida se transformarán. Liberarás las maravillas encarceladas en tu interior y el dinero fluirá de fuentes completamente inesperadas.

Abre Los Ojos A La Abundancia

Dios es una belleza indescriptible que reside en ti, camina contigo y se expresa a través tuyo. Tu mente, espíritu, pensamientos y sentimientos son representaciones de la Divinidad. La vida, el poder y la creatividad de Dios actúan en ti.

Comienza a contemplar que la belleza y las riquezas del Creador fluyen a través de tus pensamientos, palabras y acciones. Transmite el amor y la abundancia a quienes te rodean. Agradece todas tus bendiciones. Puedes hacer de tu hogar un espacio hermoso e inspirar a otros a experimentar las riquezas de la mente profunda.

Tú eres el artista, el tejedor, el diseñador y el arquitecto de tu vida. No mires con tristeza al pasado, ya que no puedes cambiarlo. En cambio, mejora sabiamente el presente y enfrenta el futuro con valentía y sin temor. Recuerda, Dios siempre está presente en el ahora. Reclama tu bienestar y todas las riquezas de la vida aquí y ahora. Lo que puedas concebir, puedes lograrlo mediante el poder de tu mente subconsciente.

El Poder De Escribir Par Manifestar Tus Deseos

Una poderosa técnica para manifestar tus anhelos más profundos es escribirlos. Puedes dividirlos en cuatro categorías: salud, riqueza, amor y expresión. Cualquier deseo encaja en una de ellas. Por ejemplo, si anhelas sabiduría, eso cae bajo "expresión". Además, incluye deseos para seres queridos, como: "Mi amigo tiene una solución divina y armoniosa para sus dificultades familiares a través de la justicia y armonía infinitas de Dios".

Una vez escritos tus deseos, séllalo en un sobre y entrégaselo a alguien de confianza para que los guarde. Al cabo de un año, sorprenderá ver cuántos se han materializado. Al escribir los anhelos más profundos de tu corazón, confiando en que la Inteligencia Infinita de tu subconsciente los cumplirá en perfecto orden divino, activas un poder asombroso.

La clave es liberar completamente tus deseos a la sabiduría de tu mente más profunda con fe absoluta. Saber que, así como el sol sale cada mañana, habrá una manifestación de todos esos anhelos de la manera perfecta. Esto se llama "indiferencia divina" - la certeza inquebrantable de que es imposible que tu oración falle, pues está escrito:

"Él no te fallará ni te abandonará." (Deuteronomio 31:6)

Un Mapa Mental Hacia la Abundancia

"La falta de imaginación en el alma es como un observatorio sin telescopio." —HENRY WARD BEECHER

"La imaginación tiene el poder de crear belleza, justicia y felicidad, que son fundamentales en este mundo." —BLAISE PASCAL

"El ojo del poeta, en un frenesí delicado, observa desde el cielo hasta la tierra, de la tierra al cielo; y a medida que la imaginación da forma a las cosas desconocidas, la pluma del poeta las materializa y no deja que nada quede sin una ubicación y un nombre, así es el truco de una mente fuerte y creativa."—WILLIAM SHAKESPEARE (Sueño de una noche de verano, Acto 5, Escena 1)

La imaginación es una de las facultades más poderosas que poseemos. Una imaginación disciplinada, controlada y dirigida es una herramienta poderosa que explora las profundidades de la mente subconsciente, dando lugar a nuevos inventos, descubrimientos, poemas, música y una comprensión de las riquezas del mundo. Científicos, artistas, músicos, físicos, inventores, poetas y escritores generalmente poseen facultades imaginativas altamente desarrolladas que extraen las riquezas infinitas de su mente subconsciente y enriquecen a la humanidad de innumerables maneras.

La imaginación tiene el poder de materializar nuestros deseos. Una joven ejecutiva preocupada por su situación laboral y personal decidió crear un mapa del tesoro dividido en cuatro partes: agradeciendo por la abundancia divina, un viaje alrededor del mundo, un hombre maravilloso y espiritual, y un hogar hermoso y armonioso. Contemplando y visualizando vívidamente estas peticiones cada día, confió plenamente en su mente subconsciente. En poco tiempo, recibió una herencia inesperada, fue invitada a un viaje alrededor del mundo por sus padres, conoció al amor de su vida y se casó, viviendo ahora en una hermosa casa con vista al océano. Su fe inquebrantable y visualización detallada le permitieron tomar control de su vida y manifestar sus sueños.

La creatividad de la mente puede propiciar acuerdos legales inesperados. Un abogado que enfrentaba un caso complicado de disputas familiares por una herencia siguió el consejo de visualizar mentalmente una reunión armoniosa donde todos acordaban respetar los términos del testamento. Gracias a esto, el abogado logró evitar una batalla legal y recibió una tarifa atractiva, además de la gratitud de los involucrados. La visualización y afirmación de una solución pacífica permitieron aprovechar el poder de la mente subconsciente.

En México, un guía turístico complementa sus ingresos utilizando la radiestesia para encontrar agua y ganado perdido en ranchos. Sosteniendo un alambre de cobre doblado, recorre las zonas interactuando con el cable y confiando en que se volverá rígido y apuntará al lugar exacto donde se encuentran los recursos buscados. Cuando falla, lo atribuye a la falta de concentración. También usa mapas topográficos, pensando intensamente en los animales perdidos mientras pasa el alambre sobre el mapa para que le indique su posible ubicación.

Gracias a sus ingresos por radiestesia, ha podido estudiar para ser instructor de arqueología, con la intención de buscar ruinas mayas ocultas en la selva usando su técnica. Desde niño, le inculcaron que había heredado este don, por lo que su mente subconsciente actúa en consecuencia a esa creencia. La mente subconsciente abarca toda sabiduría e inteligencia, pudiendo detectar la ubicación de recursos o tesoros ocultos.

La imaginación constructiva puede superar el desaliento. Una exitosa compradora de medios estaba deprimida tras enviudar y no poder vender su casa para mudarse a un apartamento en una comunidad de jubilados. Siguiendo el consejo de visualizar cada noche un cheque por el precio total de su casa y depositarlo en el banco con satisfacción, además de imaginarse vívidamente en su nuevo hogar agradeciendo la realización de su oración, logró vender rápidamente su propiedad a una ejecutiva recién transferida que necesitaba cerrar el trato de inmediato.

La imaginación es el taller de Dios. Lo que puedas imaginar y sentir como verdad, se manifestará. Mantén la fe en la imagen mental que tienes en tu mente y un día la verás materializada en la realidad.

Una talentosa actriz estaba compitiendo por un papel destacado en una película. Pensando ansiosamente en la competencia, se le aconsejó declarar con fe y confianza: "Doy gracias por mi perfecta expresión en mi nivel más alto en la Ley Divina y orden. Acepto mi papel en esta película o algo aún más grandioso para mí, de acuerdo con las riquezas del Infinito. Es Dios en acción". Dejando que su mente subconsciente se encargara, aunque no fue elegida para ese rol, recibió una oferta mucho más emocionante que despegó su carrera en una dirección inesperada. Ante la competencia, prepárate para recibir una respuesta sorprendente y alentadora.

La imagen que predomina en tu mente ejerce control sobre todas las áreas de tu vida. Un diseñador gráfico casado y con hijos adolescentes no ganaba lo suficiente para mantener adecuadamente a su familia, viviendo en una zona deteriorada y con un solo auto que se averiaba con frecuencia. Siguiendo la sugerencia de usar su imaginación constructivamente, escribió:

"Reclamo ahora las riquezas de Dios, y mi subconsciente responde. Reclamo salud, satisfacción y un hermoso hogar para mi familia. Mi esposa, mis dos hijos y yo necesitamos nuestro propio automóvil, y mi subconsciente cumple con estas peticiones. La promoción es mía. El éxito es mío. Doy gracias por la realización de todo esto en este momento".

Junto a su esposa, visualizaron mentalmente una casa espaciosa en una zona con aire limpio y vecinos amigables, además de un garaje con cuatro automóviles. Cada noche, transmitía un mensaje a su subconsciente agradeciendo las riquezas de Dios y su éxito sobresaliente. Aunque no sucedió nada notable durante tres meses, perseveraron con total confianza. Luego, fue ascendido a jefe de departamento y su empresa fue adquirida por una importante compañía de software, haciendo que sus acciones valieran millones. La empresa se trasladó a una ciudad con aire limpio, donde pudo comprar una encantadora casa espaciosa, las alergias de su esposa dejaron de ser un problema y sus hijos conducen sus propios autos a la nueva escuela.

La Ley del Aumento

Todos buscamos mejorar nuestra situación personal. Un impulso divino nos susurra que nos elevemos, trascendamos, crezcamos y nos expandamos. Esta voz interior insiste en decirnos: "Sube más alto, te necesito". Deseamos tener suficiente dinero para no preocuparnos más por ello, disfrutar de los placeres de la vida y viajar por el mundo contemplando las maravillas de la naturaleza y las creaciones humanas. Pero sobre todo, anhelamos aprender más sobre las leyes que generan la riqueza en nuestra mente, lo que nos permitirá aprovechar el tesoro infinito dentro de nosotros y experimentar una vida más abundante.

Así como la tierra magnifica y multiplica las semillas que sembramos en ella, cuando plantamos pensamientos de riqueza, abundancia, seguridad y acciones correctas en nuestra mente, regándolos con fe y expectativas, las riquezas y los honores serán nuestros. Pues como dice la Biblia, "Yo planté, Apolos regó; pero el crecimiento lo ha dado Dios" (1 Corintios 3:6). Dios es quien da el aumento.

El aumento implica multiplicar nuestras posesiones en todas las áreas: espiritual, mental, emocional, social y financiera. Cuando comencemos a pensar en las riquezas dentro de nuestra mente subconsciente y a nuestro alrededor, nos sorprenderemos de cómo fluirán hacia nosotros desde todas las direcciones.

Un hombre solía orar continuamente para que Dios lo prosperara, pero al mismo tiempo, pasaba mucho tiempo pensando en su falta de dinero y la difícil situación de su negocio y su familia. No podía entender por qué ni él ni sus familiares parecían avanzar. Un experto le explicó que mientras siguiera concentrándose en la pobreza y limitación, neutralizaría sus propias oraciones y seguiría empobreciéndose. Esto fue una revelación para él. Cambió el rumbo de sus pensamientos, declarando su convicción de que Dios lo estaba prosperando a él y a sus seres queridos. Pronto, su situación cambió radicalmente para mejor y su negocio floreció más de lo imaginado. Tuvo éxito porque aprendió una gran ley: lo que deseas para otro, lo deseas para ti mismo.

Una profesora atribuía su éxito no solo a su dedicación, sino también a alegrarse por los logros de sus colegas. Los veía como un equipo colaborando para avanzar en el conocimiento. Al celebrar la buena fortuna de los demás, activó un proceso que atrajo prosperidad hacia ella misma. Sus pensamientos de éxito para otros penetraron en su subconsciente, manifestándose en una magnitud mucho mayor. Hoy es una de las profesoras titulares más jóvenes en una prestigiosa universidad. Regocijaos en la idea de riqueza y abundancia para todos, y seguramente experimentaréis la ley del aumento en vuestra propia vida.

Un hombre terminó en una ciudad con solo un dólar en el bolsillo. Reflexionó que todo proviene de la mente de Dios y empezó a repetir: "Dios multiplica esto en abundancia, porque es Dios quien da el aumento". Hambriento, entró a una cafetería del aeropuerto. Al preguntar qué podía conseguir por un dólar, el dueño le ofreció lo que quisiera si le echaba una mano, pues su empleado había renunciado. Se quedó trabajando allí, compartiendo las ganancias. Su dólar realmente se multiplicó. Luego, un piloto notó su chaqueta de aviador heredada de su tío. Conversando, se dio cuenta de que siempre había deseado volar. Comenzó a tomar clases, obtuvo su licencia y años después, tenía su propia flota de aviones chárter. Requirió esfuerzo, pero sobre todo, mirar hacia la Fuente de todas las bendiciones, sabiendo que las riquezas de Dios fluyen libre, alegre e infinitamente.

La oportunidad de crecimiento está a nuestro alcance. Podemos utilizar las leyes de nuestra mente para avanzar y progresar en todos los aspectos de nuestra vida. Ofrezcamos lo mejor de nosotros en nuestro trabajo actual. Seamos considerados, amables, amorosos y llenos de buena voluntad hacia quienes nos rodean. Al mismo tiempo, no temamos soñar en grande. Reflexionemos sobre la ley de la abundancia y el crecimiento que podemos observar a nuestro alrededor. Valoremos lo que hacemos ahora, reconociendo que es un trampolín hacia nuestro éxito y logro.

Reconozcamos nuestro verdadero valor y reclamemos la riqueza, el avance y el reconocimiento en nuestra mente. Asegurémonos de desear prosperidad y crecimiento para todas las personas que encontremos, ya sean nuestro jefe, nuestros colegas, nuestros clientes o nuestros amigos. Hagamos de esto un hábito y veremos cómo impregnamos nuestro subconsciente. Los demás percibirán nuestra energía positiva y la ley de la atracción abrirá nuevas puertas de oportunidad.

Un hombre se quejaba de que a pesar de afirmar prosperidad dos veces al día, no avanzaba en absoluto. Culpaba al gobierno, los impuestos, los sindicatos, el bienestar social y todo el sistema político. Su creencia más arraigada era que era una víctima indefensa de las circunstancias. Dedicaba mucho más tiempo a pensar y hablar sobre sus problemas financieros que a sus afirmaciones de prosperidad. Mientras siguiera enfocándose en sus dificultades, las magnificaría y se empobrecería. Mientras se viera como una víctima, su mente subconsciente aseguraría que se sintiera victimizado. Pero cuando comenzó a comprender que era el dueño de la situación, se convirtió en el dueño de ella.

Cambió su enfoque mental, viendo que podía aplicar un proceso creativo que trascendiera las circunstancias. Su oración diaria se convirtió en afirmar que su negocio era asunto de Dios y siempre prosperaba, que utilizaba la riqueza de manera sabia para bendecirse a sí mismo y a los demás, que la ley del aumento estaba funcionando atrayendo a más personas que deseaban lo que tenía para ofrecer. Al nutrir su mente con estas afirmaciones positivas, su negocio prosperó y su flujo de riqueza se volvió más abundante, notando un cambio significativo en un mes.

Descubrió que prestar atención a las riquezas de Dios es la clave del éxito financiero.

Como dice el Salmo 23:5, "mi copa está rebosando". Una joven deseaba visitar un santuario pero no tenía suficiente dinero. Escribió en una tarjeta: "Dios me allanará el camino para visitar el santuario durante el verano, a través del amor divino y la orden divina". Meditaba en ello constantemente y visualizaba cada detalle del viaje. Luego, durante un fin de semana con una amiga, les contó a los padres de ella sobre el santuario, sugiriendo que deberían visitarlo en sus vacaciones. Al final la invitaron a acompañarlos. Como dice la Biblia: "Voy a preparar un lugar para ti. Y si voy y te preparo un lugar, vendré de nuevo y te llevaré conmigo; para que donde yo esté, tú también estés" (Juan 14:2-3). Ella preparó mentalmente el lugar al que deseaba ir y su subconsciente actuó en la mente de los padres de su amiga para responder a su oración. "Pide y se te dará" (Mateo 7:7).

7. La Puerta Hacia la Opulencia

La clave para alcanzar la prosperidad infinita se encuentra escondida en esa joya espiritual que la Biblia nos ha regalado: "Yo he venido para que tengan vida, y para que la tengan en abundancia" (Juan 10:10). A lo largo de la historia, la humanidad ha buscado incansablemente el secreto de la riqueza y el éxito, sin darse cuenta de que la respuesta siempre ha estado dentro de cada uno de nosotros. Estamos aquí para vivir una existencia plena y dichosa, para dar luz a nuestros talentos ocultos y liberar la magnificencia que yace aprisionada en nuestro interior. Dios es el gran dador, y todas sus riquezas están esperando ser descubiertas, aplicadas y disfrutadas. Al poner en práctica las leyes mentales, podemos desenterrar el tesoro que llevamos dentro y obtener todo lo necesario para llevar una vida opulenta, gloriosa y abundante.

La Fuente de Poder en tu Subconsciente

El gran filósofo Ralph Waldo Emerson enseñó una doctrina fundamental: la infinitud del ser humano individual y la presencia divina que reside en su propia mente, de la cual puede extraer un poder inagotable según su necesidad. Esta sabiduría atemporal nos muestra que la puerta hacia la abundancia se encuentra en nuestro pensamiento interior. Al dar forma a nuestra realidad desde adentro, el mundo externo seguirá su ejemplo. Como dijo Emerson: "La clave de cada hombre está en su pensamiento".

Cuando aprendemos a utilizar las leyes mentales, empezamos a experimentar mayor paz y confianza. Ya no nos dejamos abatir por las preocupaciones financieras, porque sabemos que la puerta de la prosperidad se está abriendo para nosotros. Podemos afirmar con convicción:

"Reconozco y valoro la Fuente interna y me conecto con ella a través de mi pensamiento. Agradezco que la puerta a la abundancia ahora esté completamente abierta para mí. Las riquezas de Dios fluyen libremente hacia mí, y cada día más dinero circula en mi vida. Diariamente enriquezco mi vida espiritual, mental, financiera y en todos los aspectos. El dinero es la manifestación divina que fluye en mi vida, y siempre hay un excedente. Doy gracias al Dios viviente, quien nos brinda abundantemente todas las cosas para disfrutar (1 Timoteo 6:17)".

Al repetir esta oración con emoción y entusiasmo varias veces al día, enviamos un poderoso mensaje a nuestro subconsciente. Pronto empezaremos a notar cómo nuestra realidad externa se transforma, reflejando la abundancia que hemos instalado en nuestro mundo interior.

Tus Talentos Ocultos

A veces podemos sentirnos estancados o rechazados, especialmente cuando enfrentamos desafíos como la pérdida de un empleo o la discriminación por edad. Sin embargo, es crucial recordar que lo que en realidad ofrecemos al mundo no son nuestros años, sino nuestro conocimiento, experiencia y sabiduría acumulados. Lo que buscamos también nos está buscando a nosotros.

Para conectarnos con nuevas oportunidades de expresión, podemos orar conscientemente, reconociendo que nuestra mente subconsciente es la puerta de entrada a la abundancia y la riqueza en la vida:

"La Inteligencia Infinita conoce mis talentos ocultos y me abre una nueva puerta de expresión en Divino Orden. Este conocimiento se revela inmediatamente a mi mente consciente. Seguiré el camino que se me muestre con claridad y decisión".

Al perseverar en esta oración, pronto notaremos que se nos presentan ideas frescas y conexiones inesperadas que nos guían hacia un nuevo camino de realización y prosperidad, muchas veces superior a lo que habíamos experimentado antes. Recuerda, es desde tu interior, no desde el exterior, que te conectas con las riquezas de la vida.

Visualiza para la Conquista

Así como las ondas electromagnéticas que transportan programas de radio y televisión llenan el aire, pero requieren el equipo adecuado y la frecuencia correcta para poder beneficiarnos de ellas, las riquezas del universo nos rodean constantemente. Para atraerlas a nuestra experiencia, debemos utilizar el equipo apropiado, nuestra mente subconsciente, y sintonizar la frecuencia indicada, la oración efectiva.

Una técnica poderosa es la visualización. Al imaginar vívidamente que ya hemos recibido aquello que deseamos, enviamos un claro mensaje a nuestro subconsciente. Debemos repetir el proceso una y otra vez en nuestra mente, hasta sentir que realmente está ocurriendo, no como un mero acto de imaginación, sino como una realidad palpable. Cuando combinamos esto con acciones que demuestran nuestra fe en que la oración ya ha sido respondida en nuestro interior más profundo, pronto veremos manifestarse lo visualizado de maneras sorprendentes e inesperadas.

El Secreto De La Sustancia Universal

Según la comprensión de muchos físicos modernos, el Espíritu y la materia son uno. La energía y la materia son intercambiables e interconvertibles. La materia representa el nivel más básico del Espíritu, y el Espíritu es el grado más elevado de la materia. Ambos son aspectos de una misma entidad que llamamos Espíritu o sustancia universal.

Comprendiendo esta verdad, podemos declarar con convicción:

"El Espíritu Divino es mi suministro instantáneo y eterno. Se manifiesta en forma de comida, ropa, dinero, amigos y todo lo que necesito aquí y ahora. Lo decreto y sé que la manifestación está ocurriendo ahora mismo, porque Dios es el Eterno Presente".

Nunca debemos subestimar el poder de afirmar personalmente a Dios o al Espíritu Viviente Todopoderoso como nuestro suministro instantáneo e infalible. Se manifestará de innumerables maneras y a través de diversos canales, incluso por medio de desconocidos. Recuerda, naciste para prosperar y enriquecerte inevitablemente utilizando las facultades que Dios ha puesto en tu interior.

El Perdón, La Llave Que Abre Las Puertas

A veces, nuestra propia actitud puede bloquear el flujo de las riquezas en nuestra vida. Albergar pensamientos negativos y resentimientos nos mantiene estancados. La clave para liberarnos es el perdón. Puedes utilizar esta oración:

"Me perdono a mí mismo por albergar pensamientos negativos y destructivos, y libero a mis antiguos empleadores y asociados a Dios por completo, deseándoles todas las bendiciones de la vida. Cada vez que pienso en cualquiera de ellos, inmediatamente afirmaré: 'Te he liberado; Dios esté contigo'. Sé que a medida que continúo haciendo esto, me encontraré con ellos en mi mente y ya no habrá ningún aguijón presente. Reclamo promoción ahora, éxito ahora, armonía ahora. La ley y el orden divinos son míos ahora. La riqueza de Dios fluye hacia mí en avalanchas de abundancia. La vida es crecimiento y expansión. Soy un canal abierto para las riquezas de Dios, que son grandes, activas, enviadas, inmutables y eternas. Doy gracias ahora por las riquezas internas y externas. Lo que estoy decretando se cumple, y la luz de Dios brilla sobre mí."

Al seguir este proceso, experimentaremos un cambio significativo en nuestras vidas. Nuestra actitud transformada se convertirá en la llave que abre la puerta a la realización de nuestros sueños. Recuerda, nuestros pensamientos y actitudes son la clave para alcanzar nuestras metas y aspiraciones.

8. Escoge Tus Metas Y Manifiéstalas De Inmediato

La Biblia nos brinda la respuesta: "Elige hoy a quién seguirás" (Josué 24:15). La clave para tu salud, riqueza, prosperidad y éxito reside en tu asombrosa habilidad para tomar decisiones. El descubrimiento más significativo que puedes hacer es reconocer la gran verdad de que dentro de ti ya existe una sabiduría y un poder infinitos. Esto te permite solucionar todos tus problemas y alcanzar la riqueza, la felicidad, la alegría y la libertad. Naciste para triunfar y estás equipado con todos los poderes divinos en tu interior para ser el dueño y capitán de tu destino.

Si no eres consciente de tu capacidad de elegir desde el Reino de los Cielos que habita en lo profundo de tu mente, entonces tomarás decisiones basadas en eventos, circunstancias y condiciones externas. Lo peor es que, al ignorar los poderes internos que posees, magnificarás el poder de las circunstancias en cualquier momento dado. Elige desde el Reino de Dios dentro de ti y sigue el camino elevado hacia la felicidad, la salud, la libertad y el gozo de una vida abundante.

La Magia En El Poder De La Elección

Tu poder de elección es tu rasgo más distintivo y tu prerrogativa más alta. Tu habilidad para elegir y poner en marcha lo que has elegido revela tu poder para crear como hijo de Dios.

Una mujer que luchaba con el alcoholismo sintió que este estaba arruinando su vida personal y profesional. Se le recordó que poseía la poderosa herramienta dada por Dios para elegir la sobriedad, la paz mental, la felicidad y la prosperidad en el aquí y ahora. Se le compartió la siguiente oración para repetir varias veces al día:

Elijo la salud, la paz mental, la libertad y la sobriedad en este momento. Esta es mi decisión. Sé que el Poder Todopoderoso respalda mi elección. Estoy tranquila, y el río de paz de Dios fluye a través de mí.

Mi alimento y bebida espiritual son las ideas de Dios y las verdades eternas, que se despliegan dentro de mí trayéndome armonía, salud, paz y alegría. En mi imaginación, estoy con mi familia, haciendo lo que amo. Soy divinamente feliz. Cada vez que siento la necesidad de beber, recuerdo estas ideas divinamente inspiradas en mi mente y el Poder de Dios me respalda.

Ella comprendió que estaba escribiendo estos pensamientos en su mente subconsciente, que acepta patrones de pensamiento repetidos afirmados de manera convincente y decidida. Aunque los temblores y la ansiedad todavía aparecían ocasionalmente, cada vez que visualizaba en su mente la declaración que había hecho, su deseo de liberarse del hábito se volvía más fuerte que su necesidad de continuar, y el poder de su subconsciente la respaldaba.

Busca el Bien Común

Cada mañana al despertar, antes de permitir que las preocupaciones diarias se apoderen de ti, elige recordar y afirmar las siguientes verdades eternas. Recuerda que tus experiencias, condiciones y circunstancias de vida son el resultado de tus elecciones. Afirmemos con valentía lo siguiente:

Hoy es el día de Dios. Elijo la armonía, la paz, la salud perfecta, la ley y el orden divinos, el amor divino, la belleza, la abundancia, la seguridad y la inspiración del Alto. Sé que al afirmar estas verdades en mi vida, activo los poderes de mi subconsciente, que me impulsan a expresar todos estos poderes y cualidades. Reconozco que para Dios es tan sencillo convertirse en todas estas cosas en mi vida como una semilla se convierte en una brizna de hierba. Agradezco que así sea.

Cada uno de nosotros, sin importar nuestras circunstancias o llamados, debe tomar esta decisión todos los días. Estos son los principios de la vida. Al afirmarlos, activamos todos estos poderes de Dios en nuestra vida. Nuestro subconsciente acepta lo que creemos conscientemente, y es fácil creer en los principios de armonía, paz, belleza, amor, alegría y abundancia.

Emerson dijo: "Nada puede traerte paz sino el triunfo de los principios". Existe un principio de belleza, pero ninguno de fealdad; existe un principio de armonía, pero ninguno de discordia; existe un principio de amor, ninguno de odio; existe un principio de alegría, ninguno de tristeza; existe un principio de opulencia y abundancia, ninguno de privación y pobreza; y existe un principio de acción correcta, ninguno de acción incorrecta. Comencemos a elegir lo que es verdadero de Dios y Su bondad, y las riquezas de la vida serán nuestras.

Opta por La Riqueza Interior

Aquellos que temen tomar decisiones en realidad están negando su propia Divinidad, ya que Dios reside en cada persona. Es tu derecho Divino tomar decisiones basadas en verdades eternas y en los grandes principios de la vida, que nunca cambian. Elige ser saludable, feliz, próspero y exitoso, porque tienes control sobre tu mundo de finanzas, negocios, salud, profesión y relaciones. Tu mente subconsciente está sujeta a los decretos y convicciones de tu mente consciente, y todo lo que decretes con firmeza sucederá. La Biblia dice: "Todo lo que el hombre siembre, eso también cosechará" (Gálatas 6:7).

Inacción y Sus Consecuencias

Al decidir no elegir por ti mismo, has decidido aceptar lo que provenga de la mente colectiva o de la ley de los promedios en la que todos estamos inmersos. Es como ir de vacaciones a un hotel y no elegir tu habitación - obtendrás lo que el recepcionista decida que debes tener en lugar de lo que realmente deseas.

Si realmente tienes el poder de elegir, sería absurdo no elegir tus propios pensamientos, imágenes e ideales. O bien piensas por ti mismo, o dejas que otros piensen por ti, en cuyo caso quedas atrapado con lo que ellos decidan.

Afirma constructivamente: Soy un ser con el poder de elección y voluntad. Tengo el poder, la capacidad y la sabiduría para controlar y dirigir mis propios procesos mentales y espirituales. Me digo a mí mismo cada mañana al despertar: Dios mora en mí. ¿Qué elegiré hoy de la riqueza infinita dentro de mí? Elijo la paz, la guía divina y la acción correcta en mi vida. Declaro que la bondad, la verdad y la misericordia me seguirán todos los días de mi vida, y habitaré en la casa del Señor para siempre (Salmo 23:6).

El Poder Ilimitado Respalda Tus Elecciones

Eres un individuo con la capacidad de elegir. Constantemente estás en la encrucijada de tomar decisiones. ¿Qué tipo de pensamientos e imágenes estás seleccionando?

Toda tu vida refleja el conjunto de tus elecciones. Elige con sabiduría, discernimiento y constructividad. Opta por las verdades de Dios, que son inmutables. Permanecen iguales ayer, hoy y siempre.

Algunos dicen: "Dejaré que Dios decida por mí". Pero Dios, o el Espíritu Viviente, está omnipresente y reside dentro de ti, formando parte de tu propia vida. La única manera en que Dios, o la inteligencia infinita, puede trabajar para ti es a través de ti. Para que lo Universal actúe en lo individual, debe convertirse en el individuo.

Naciste para Escoger

Posees libre albedrío y capacidad de acción. Por eso eres un individuo. Acepta tu divinidad y tu responsabilidad, y elige por ti mismo. Toma tus propias decisiones, ya que nadie más puede saber qué es lo mejor para ti. Cuando te niegas a tomar decisiones por ti mismo, estás rechazando tu divinidad y tus prerrogativas divinas. Estás optando por pensar como un esclavo, un sirviente o un subordinado.

Una viuda de 54 años tenía que elegir entre dos hombres con quienes estaba saliendo, ambos querían casarse con ella. Confundida, buscó orientación de la Inteligencia Infinita dentro de ella. En un sueño vívido, cada hombre apareció pero luego desapareció diciendo "adiós". Luego, un tercer hombre apareció, el mejor amigo de su difunto esposo.

Al despertar, recibió una carta de él indicando que planeaba mudarse a su ciudad y quería cenar con ella. Dos meses después, se casaron. Ella siguió el mandato bíblico: "Elige hoy a quién servirás" (Josué 24:15). Si te conectas con la Inteligencia Infinita dentro de ti, también recibirás respuestas a tus oraciones.

Puedes elegir la confianza, la abundancia y una vida plena. Muchos han experimentado enfermedades, fracasos, frustraciones y soledad a lo largo de sus vidas. Todos estos obstáculos pueden ser superados al elegir creer en la Única Presencia Infinita de Sanación. Las emociones siguen al pensamiento. Puedes optar por construir una nueva vida emocional.

Reconoce que la voluntad de Dios para ti es la corriente del Principio de Vida fluyendo a través de ti como armonía, salud, paz, alegría, ideas creativas y prosperidad, más allá de tus sueños más queridos. Has elegido creer que lo que es verdadero para Dios es verdadero para ti. A partir de ahora, la mayoría de tus pensamientos y expectativas vendrán de Aquel que da vida, aliento y todo esto...

9. Tu intuición

Tu mente subconsciente siempre busca protegerte, por lo que es esencial aprender a prestar atención a las intuiciones internas. Tu yo subjetivo tiene el control sobre todos tus órganos vitales y los mantiene en equilibrio y armonía, a menos que tu mente consciente interfiera con preocupaciones, ansiedades, miedos y pensamientos negativos. Estos pensamientos alteran la norma divina en tu mente más profunda.

Dentro de ti reside la presencia divina, que algunos llaman el Ser Superior, el Superconsciente, el YO SOY o el Cristo en ti, la esperanza de la gloria. Todos estos términos tienen el mismo significado. Tu mente subconsciente responde a las sugerencias y comandos de tu mente consciente, lo que significa que puedes entrenarla para reconocer las impresiones de tu mente subjetiva en la dirección correcta. Cuando te encuentras relajado y en paz, tu mente consciente se conecta más estrechamente con tu subconsciente. Entonces, la voz interior de la intuición se hace evidente y clara.

Reconoce la voz de tu intuición

Para tomar decisiones importantes, la mejor guía provendrá de dar instrucciones adecuadas a tu mente subconsciente. Esto te permitirá discernir lo verdadero de lo falso. Al desear sinceramente la verdad y comprender que el Espíritu Infinito responde según la naturaleza de tus pensamientos, obtendrás resultados. Utiliza la siguiente oración con frecuencia:

"La Inteligencia Infinita es mi guía y consejera constante. Reconoceré al instante las impresiones y advertencias de mi Yo Superior, que siempre busca protegerme, guiarme y cuidar de mí en todas las formas posibles. Identificaré inmediatamente cualquier pensamiento negativo que entre en mi mente consciente y siempre ignoraré las fantasías sin fundamento. Sé que mi mente más profunda responde a lo que estoy conscientemente pensando en ella en este momento, y doy gracias por la alegría de la oración respondida".

Al hacer de esta oración un hábito, podrás reconocer al instante la voz interior por la sensación interna que te proporciona. Esto te permitirá distinguir entre lo falso y lo verdadero.

Cultiva Tu Intuición

Basándote en tus reflexiones conscientes, recibirás respuestas e instrucciones de tu mente subconsciente. La pregunta que planteas se desarrolla en el misterio de tu subconsciente. Una vez que todos los datos se reúnen, tu mente subconsciente ofrece un análisis y una conclusión instantáneos, algo que tu intelecto podría llevar semanas de prueba y error para lograr.

Cuando el razonamiento falla en momentos de confusión, la facultad intuitiva emerge como la voz silenciosa del triunfo. Los artistas, poetas, escritores e inventores escuchan esta voz de la intuición y son capaces de asombrar al mundo con las bellezas y glorias que extraen de este almacén de conocimiento interno. Ellos han descubierto la fuente de la verdadera riqueza.

La intuición y su significado

La intuición se refiere a la percepción directa de la verdad, independiente de cualquier proceso de razonamiento. Es una aprehensión inmediata, una visión aguda y rápida. La palabra "intuición" también puede entenderse como "escuchar interiormente".

La audición interior no es la única manera de nutrir la intuición. En ocasiones, se manifiesta como un pensamiento, pero la forma más común es "escuchar la voz interior". La intuición trasciende ampliamente la razón. Utilizamos la razón para llevar a cabo lo que nos dicta la intuición. Con frecuencia, descubrirás que la intuición va en contra de lo que la lógica te indicaría.

La mente consciente del ser humano es razonadora, analítica e inquisitiva; en cambio, la facultad subjetiva de la intuición surge de forma espontánea. Se presenta como un faro para la mente consciente. A menudo, actúa como una advertencia frente a un viaje planeado o un proyecto. Debemos aprender a escuchar y prestar atención a esta voz interior llena de sabiduría. No siempre nos habla cuando queremos, pero siempre lo hace cuando lo necesitamos.

La clarividencia, que significa "visión clara", es una capacidad de tu mente subconsciente. Este fenómeno se basa en el instinto más poderoso del ser humano: el instinto de autoconservación. Cuando la amenaza para una persona es inminente, la mente subjetiva hace un esfuerzo supremo para evitar y prevenir el peligro. Actúa y habla de una manera que la persona responderá. La actividad más elevada de tu subconsciente se despliega en el esfuerzo por preservar la vida del individuo. Las advertencias de tu ser más profundo siempre son vitales y deben ser escuchadas.

Esa voz interior que busca protegerte en todos los aspectos, ya sea física, emocional, espiritual o financieramente, proviene de la facultad intuitiva de tu propio subconsciente, que lo sabe todo y lo percibe todo. Puedes emplear esta técnica con excelentes resultados en todas las áreas de tu vida.

Cómo Tus Sueños Pueden Hacerte Próspero

Confía en ti mismo, pues en tu interior reside la Presencia Divina. Dios se manifiesta a través de ti de manera única, dotándote con talentos y habilidades especiales. Estás aquí para expresar la plenitud de la vida y experimentar abundancia en todas las áreas. Tienes la capacidad de imaginar, pensar y elegir, permitiendo que la Vida fluya armoniosamente a través de ti.

La verdadera confianza implica tener fe, una actitud mental de que tus pensamientos forjan tu destino. Cuando tu mente consciente acepta una idea como verdadera, tu subconsciente la absorbe y se materializa en la realidad. La fe es ser consciente del poder divino dentro de ti. Al conectarte con esta Presencia a través de tus pensamientos, puedes vivir una vida victoriosa, superando obstáculos con la fortaleza de Dios.

En tu interior reside la Inteligencia Infinita que creó el mundo. Esta inteligencia puede revelarte todo lo que necesitas saber. Has nacido para triunfar porque Dios es infalible. A medida que desarrolles confianza en el Ser Divino, irradiarás seguridad y fe, atrayendo el bien hacia ti desde todas las direcciones. Recuerda las palabras de Pablo: "Si Dios está a tu lado, ¿quién puede estar en tu contra?" (Romanos 8:31).

Una poderosa técnica es mirarte al espejo cada mañana y pronunciar con convicción: "Si Dios está a mi lado, ¿quién puede estar en mi contra? Puedo lograr todas las cosas gracias al Poder de Dios que me fortalece. El éxito y la riqueza son míos. Gracias, Padre". Al repetir estas verdades bíblicas conscientemente, se infiltrarán en tu subconsciente, impulsándote a manifestar éxito y abundancia.

El Principio de la Vida busca constantemente expresarse a través de ti en niveles más elevados.

Concéntrate en tu profesión, reconociendo que la Inteligencia Infinita te revela nuevas ideas creativas. Eres uno con lo Infinito, y lo Infinito no puede fallar. No es el destino ni la falta de recursos lo que obstaculiza tu éxito, sino tu propia forma de pensar. Mantén pensamientos positivos: "El éxito es mío, la riqueza de Dios es mía, la armonía es mía, y soy un canal para todas las riquezas de Dios".

La fe verdadera se manifiesta en todas las áreas de tu vida. Se refleja en tu confianza, actitud positiva y sonrisa radiante. Aquellos que atraen escasez y dificultades no son conscientes de cómo aprovechar el tesoro infinito en su subconsciente.

Visualízate en un entorno enriquecedor, conectando espiritualmente con alguien especial. Mantén esta imagen en tu mente con gran detalle. Lo que ocurre en tu mente se manifestará objetivamente, a pesar de cualquier aparente obstáculo. Siempre hay una respuesta, pues Dios te ama y cuida en todo momento.

Evita enfocarte en la limitación y escasez, pues atraerás esas cualidades. En su lugar, afirma positivamente: "Tengo plena fe en el suministro y guía de Dios. Sé que todos aquellos que compran a través de mí prosperan y son bendecidos. La Infinita Inteligencia atrae a compradores interesados con los medios para adquirir. Yo soy bendecido, y ellos son bendecidos. Soy fuerte en el Señor y en el poder de Su fuerza. La actividad divina y resultados inmediatos están teniendo lugar en mi vida, y doy gracias por los milagros".

Al repetir estas afirmaciones con frecuencia, recuperarás la confianza en tus habilidades. Comenzarás a prosperar y expandirte en todas las áreas. Las bendiciones de Dios nunca dejan de fluir. Abre tu mente y corazón, y acepta toda la riqueza que deseas para ti.

10. La Ley Suprema y El Dinero

El amor es la ley más fundamental del universo. Siempre se manifiesta hacia afuera, emanando de la persona. Puedes enamorarte profundamente de la música, el arte, un proyecto importante, una empresa, una ciencia o cualquier otro campo del esfuerzo humano. También puedes desarrollar un amor profundo por los grandes principios y verdades eternas. El amor es el vínculo emocional que desarrollas hacia tu ideal, tu causa, tu plan o tu profesión.

Albert Einstein, movido por su amor a los principios matemáticos, pudo descubrir sus secretos. Eso es lo que el amor logra. Si te enamoras de la ciencia de la mente, esta te revelará sus misterios. ¿Cuánto anhelas lo que deseas? ¿Estás dispuesto a abandonar tus viejas ideas y abrazar nuevas perspectivas? Si es así, cultiva una actitud abierta y receptiva.

Para gozar de buena salud, renuncia al resentimiento y deja atrás las quejas y rencores. Si anhelas la riqueza y el éxito, acepta tanto la prosperidad interna como la externa.

Comprende que has nacido para triunfar, ya que el Infinito dentro de ti no puede fallar. Libérate de los celos, la envidia y las ideas falsas sobre Dios, y sumérgete en la alegría de una vida abundante.

El Poder Transformador Del Amor

Un famoso actor sufría de ansiedad y temores paralizantes antes de cada función. Imaginaba que olvidaría sus líneas, arruinaría la actuación y perdería su carrera en el teatro. Se le aconsejó que entrenara su mente con la misma dedicación que ponía en preparar sus papeles. Debía instruir a su mente para enfocarse, no en el fracaso, sino en el poder de Dios dentro de él, que guiaría su desempeño y cada aspecto de su vida. Comenzó a repetir esta poderosa afirmación varias veces al día, con profunda convicción:

"Doy mi lealtad, devoción y amor al Ser Divino interior, que es mi Yo superior. Amar a mi Yo superior implica un respeto reverente por la Divinidad dentro de mí, que es omnipotente y omnisciente. Amar a Dios significa dar mi lealtad suprema a la Única Presencia y Poder dentro de mí. Puedo lograr todo a través del Poder de Dios que me fortalece. Mientras actúo, la Presencia dentro de mí se comunica claramente con la Presencia en quienes me observan. Vivo el papel que interpreto, me siento fascinado y absorto en el drama. Escucho a quienes amo y respeto felicitándome. Es maravilloso."

A medida que siguió repitiendo estas verdades, sus pensamientos de fracaso se desvanecieron. Ganó varios premios y se volvió muy solicitado. "En el amor no hay temor; sino que el perfecto amor echa fuera el temor." (1 Juan 4:18)

Demostración De Las Riquezas Por La Ley Del Amor

Una doctora tenía un paciente, un viejo amigo, que había evitado pagar una factura sustancial por meses. En lugar de enviar la cuenta a cobranzas, decidió aplicar la ley del amor. Durante sus meditaciones diarias, afirmó que su amigo era honesto, amoroso, amable y pacífico, y que el amor y la armonía de Dios saturaban todo su ser. Visualizó que él le entregaba un cheque y le agradecía por su ayuda.

Unos días después, el amigo apareció en su consultorio, se disculpó, pagó la totalidad de la deuda e hizo una generosa donación a una fundación asociada a la doctora. Ella había demostrado las riquezas de la ley del amor, rodeando a su amigo con el amor y la paz de Dios, permitiendo que la ley divina actuara.

La Riqueza De Amar A Los Demás

El amor es un sentimiento profundo que emana del corazón, un deseo sincero de bienestar para todos. Irradiar amor y buenos deseos hacia quienes te rodean, deseándoles salud, felicidad, paz, éxito y prosperidad, tiene un retorno fabuloso. Al bendecir a otros, también te bendices a ti mismo. Recuerda, lo que deseas para otros, lo deseas para ti, y lo que retienes de otros, te lo retienes a ti mismo.

Tus pensamientos tienen el poder de manifestarse. Por eso, sé generoso en tus pensamientos hacia los demás, irradiándoles amor y bendiciones. "El amor es el cumplimiento de la ley." (Romanos 13:10) El amor mencionado en la Biblia no es una emoción superficial, sino la fuerza que une a las familias y naciones, y mantiene en armonía todo el universo a través del tiempo.

El amor es la ley que gobierna la salud, la felicidad, la paz, la prosperidad y una vida plena. Sus frutos son la armonía, la bondad, la alegría, la honestidad, la integridad y la risa. Comienza ahora a irradiar bendiciones hacia todos. Reconoce la divinidad en los demás y susurra para ellos: "Las riquezas de Dios fluyen a través de ti". Te sorprenderá cómo prosperas y cómo las bendiciones te alcanzan en abundancia.

El Poder Sanador Del Amor

La hostilidad y el resentimiento pueden enfermar el cuerpo. Un hombre que luchaba contra la tuberculosis albergaba un profundo odio hacia los ricos debido a una experiencia de su infancia. Se le indicó que fuera a la Bolsa de Londres y permaneciera allí afirmando a cada persona que pasaba: "El amor de Dios llena tu alma. Las riquezas de Dios son tuyas ahora". Al principio lo hizo a regañadientes, pero luego con convicción. Mientras expresaba amor y riqueza a los transeúntes, experimentó un cambio asombroso. Sanó completamente de la tuberculosis, encontró un gran empleo y tuvo mucho éxito. El amor divino se manifestó en su corazón, su cuerpo y su prosperidad.

El Amor En La Familia

Afirma que tus seres queridos están impregnados con el amor de Dios, y que Su amor llena y envuelve todo su ser. Imagínalos rodeados por la luz sanadora del amor divino que los abraza e ilumina. Al orar así, presenciarás maravillas en sus vidas.

Una joven sufría por el mal estado de su piel, sintiéndose tan infeliz que no quería salir de casa. Comenzó a mirarse al espejo cada mañana afirmando: "Mi piel es un reflejo del amor de Dios. Está libre de imperfecciones. Es más fresca que la de un niño, y la luz de la juventud y la belleza llena todo mi ser". Su piel se aclaró en pocas semanas, luciendo suave y hermosa, irradiando la luz del amor divino.

Justicia a través del Amor

Un hombre enfrentaba una demanda civil injusta que duraba años, agotando sus recursos y atención. Siguiendo un consejo, comenzó a orar mañana y noche: "Todos los involucrados en este litigio están rodeados por el círculo sagrado del amor de Dios. El amor, la verdad y la armonía de Dios dominan las mentes y corazones de todos los implicados." Esta oración disolvió toda amargura y hostilidad, llevando a una solución divinamente ordenada. El demandante fue arrestado y admitió haber falsificado documentos, lo que condujo al abandono de la demanda.

El Poder Protector Del Amor

Un psiquiatra se enfrentó a un paciente que le apuntó con un arma, afirmando tener órdenes de Dios para matarlo. Con calma, el doctor le dijo: "Dios debe haber cambiado de opinión, porque esta mañana me mostró cómo sanarte. Dios reside en ti y en mí. Dios es amor, y Él te quiere completo y perfecto ahora". El paciente le entregó el arma llorando, y fue llevado a un hospital para recibir tratamiento. La comprensión del psiquiatra sobre la Presencia de Dios tuvo un impacto profundo. "El perfecto amor echa fuera el temor." (1 Juan 4:18)

El Amor Sana Las Relaciones

Tus seres queridos anhelan sentirse amados, valorados y significativos en tu vida. Las aventuras extramatrimoniales suelen ocurrir cuando las personas no reciben aprecio y atención en casa. Para sanar un matrimonio en crisis, una pareja comenzó a orar con los Salmos 91 y 27, comprometiéndose a irradiar amor, paz y armonía mutuamente. Cada día afirmaban: "El amor de Dios llena tu alma. Te amo". El amor los volvió a unir, pues es el agente universal de sanación. Solo Dios y Su amor pueden sanar las heridas.

11. Cómo Acumular Riqueza Mental

Ralph Waldo Emerson afirmaba: "Nada puede traerte paz excepto el triunfo de tus principios". Al comprender el funcionamiento de tu mente y dirigirla sabiamente, incrementarás tu paz, prosperidad, equilibrio y seguridad. Así como un ingeniero sigue los principios matemáticos al construir un puente, las leyes de la mente son igualmente inmutables. Puedes obtener un conocimiento práctico de ellas a través de la Biblia: "Como creas, así te sucederá" (Mateo 8:13).

El exceso de tensión puede interferir en la vida, causando frustración y trastornos nerviosos. Cierto grado de ansiedad es normal y necesario, como la tensión que siente un cantante antes de subir al escenario, que carga sus baterías mentales y espirituales. Sin embargo, la tensión excesiva y prolongada puede ser peligrosa. Al llenarte de la creencia de que puedes lograr todo a través del Poder Divino que te fortalece, podrás dar una actuación maravillosa.

Una empresaria enfrentó graves problemas financieros al inicio de su negocio. Proveedores presionando, envíos cortados, amenazando con arruinarla. En un momento oscuro, encontró inspiración en la Biblia, específicamente en el Salmo 23. Hizo una lista de sus deudas, visualizando cómo pagaba a cada acreedor y recibía su agradecimiento. Esto le trajo paz. Poco después, un sueño revelador la guio a obtener el dinero necesario para saldar todas sus deudas.

Para liberarte de la ansiedad por deudas, puedes usar esta oración:

"Dios es mi provisión. La ansiedad refleja falta de fe en Él. Mi dinero se multiplica, siendo símbolo de Su infinita riqueza. Entrego mis deudas a Dios, sabiendo que se pagarán en Su orden perfecto. Sus bendiciones fluyen en mí y agradezco que todos los acreedores sean recompensados, prosperándome más allá de mis sueños. Creo y sé que Él responderá a mi fe. La abundancia divina está en mí, y me regocijo en ello."

Ante pensamientos ansiosos, sonríe y agradece la abundancia de Dios en lugar de enfocarte en las deudas. Esto reprogramará tu mente hacia la prosperidad.

Creer en la Fuente Invisible no es difícil. Tus sentidos limitados no captan todo. La radio y la televisión te muestran un mundo más allá de lo que percibes. Tu pensamiento de riqueza precede a la realidad, y al aceptarlo, se materializará. Los pensamientos son cosas.

Una secretaria ejecutiva compartió su preocupación por el ambiente de conflictos y tensiones en su oficina, que afectaba profundamente a todos. Se le explicó que nadie realmente puede perturbarla, salvo ella misma. Es su reacción y pensamientos lo que la perturba, estando estos bajo su control. Su serenidad y paz interior pueden actuar como escudo contra la negatividad ajena. Las palabras y acciones de otros solo la afectan si les transfiere ese poder al pensar que pueden irritarla. Esto eleva "dioses falsos" en su mente. En lugar de depender de otros, invita a Dios como tu jefe, líder, proveedor, árbitro y solucionador de problemas. Repite regularmente:

"El amor divino me guía en el trabajo. No juzgo ni opino sobre los demás, por lo que no sufro ni me perturbo. La paz y armonía de Dios gobiernan mi ser y acciones. Cada pensamiento ansioso se calma, pues trabajo para Él, y Su paz llena mi alma. Su confianza y alegría me rodean siempre. Todos aquí son hijos de Dios, contribuyendo a la paz, armonía, prosperidad y éxito del lugar. El amor divino entra, gobierna las mentes y corazones de todos, y sale. Dios es mi jefe, proveedor, guía y consejero, no reconozco a nadie más. Le entrego todo el poder, caminando sereno en Su luz. Me río, canto y regocijo. Él obra maravillas en mí."

Al adoptar esta oración a diario, la secretaria desarrolló inmunidad ante la negatividad ajena. Cuando alguien era desagradable, se recordaba en silencio: "Reconozco la Divinidad en ti. Dios piensa, habla y actúa a través tuyo". Nada la perturbaba; había hallado a Dios en sí misma, y eso bastaba. La oración puede brindarte los mismos beneficios.

Un universitario llegó tenso a consulta, sintiendo que fracasaría. A pesar de estudiar mucho, olvidaba todo al examinarse, con un miedo paralizante. Había intentado estudiar constantemente, incluso con la Biblia, pero sin mejoras. Temía decepcionar a sus padres al reprobar.

Se le explicó que la raíz del problema era su ansiedad constante. Su temor a no recordar y fallar lo tensaba. Estresado así, su mente bloqueaba el acceso a la información en su subconsciente. Se le dio una fórmula espiritual para orar y afirmar antes de estudiar cada noche:

"Familiarízate con Él y halla paz; el bien vendrá a ti" (Job 22:21). "Si Dios da paz, ¿quién causará problemas?" (Job 34:29). "Así dice el Señor, el Santo de Israel: al volver y descansar serás salvo; en quietud y confianza estará tu fuerza" (Isaías 30:15). "Dios no es autor de confusión, sino de paz" (1 Corintios 14:33). "Los que aman Tu ley tienen gran paz, nada los perturba" (Salmo 119:165).

Se le aconsejó repetir estas verdades antes de estudiar y dormir, dejando que se hundan en su subconsciente. Imaginó que eran semillas plantadas en su mente, volviéndose parte suya. Cambió su enfoque de los problemas a la paz y el poder divinos. Cada noche, afirmaba: "Tengo memoria perfecta para todo lo que necesito saber. Aprobaré mis exámenes divinamente y doy gracias". Superó su ansiedad y se relajó mental, espiritual y físicamente. Sus habilidades y memoria se liberaron. Al saturar su mente con estas verdades bíblicas, neutralizó los patrones negativos subconscientes y experimentó una transformación renovando su mente.

Un ejecutivo del entretenimiento compartió que su médico le diagnosticó "neurosis de ansiedad". Estaba muy tenso, con problemas para dormir, preocupado constantemente por las finanzas y el futuro.

Se le explicó que cierta tensión es beneficiosa, como en el acero. El médico quiso decir que experimentaba una tensión o energía mal dirigida. Se le recomendó colaborar con el médico, pero también practicar la terapia de las palabras.

Para superar su neurosis de ansiedad, comenzó a meditar 3 o 4 veces al día, afirmando con amor:

"Mis pies están relajados, mis tobillos están relajados, mis pantorrillas están relajadas, mis músculos abdominales están relajados, mi corazón y pulmones están relajados, mi columna está relajada, mi cuello y hombros están relajados, mi cerebro está relajado, mis ojos están relajados, mis manos y brazos están relajados. Todo mi ser está relajado. Siento la paz de Dios fluyendo en mí como un río dorado de vida, amor, verdad y belleza. El espíritu e inspiración del Todopoderoso fluyen a través de mí, revitalizando, sanando y restaurando todo mi ser. Su sabiduría y poder me permiten alcanzar todas mis metas en perfecto orden divino a través del amor. Siempre estoy sereno, tranquilo, equilibrado y en armonía, y mi fe y confianza están en Dios y en todo lo bueno. Puedo lograr todo gracias a Su poder que me fortalece.

Habito en el lugar secreto del Altísimo, y todos mis pensamientos están en armonía, paz y buena voluntad para todos. Porque Dios no nos ha dado espíritu de temor, sino de poder, amor y mente sana (2 Timoteo 1:7). Duermo en paz y despierto con alegría. Dios suple todas mis necesidades, y Su abundancia fluye libremente en mi vida. Mi seguridad está en Él y Su amor."

Al repetir esto regularmente, las poderosas vibraciones espirituales neutralizaron y disiparon el núcleo de ansiedad en su subconsciente. Sus palabras favoritas se volvieron "serenidad y tranquilidad".

Descubrió que tenía reservas espirituales para eliminar todo pensamiento ansioso. Ahora tiene profunda fe en todo lo bueno. Comprendió que la paz es el poder en el corazón de Dios. "Y que Su paz gobierne en sus corazones" (Colosenses 3:15).

La siguiente meditación ha traído beneficios asombrosos a quienes buscan una vida más próspera:

Hoy renuevo mi espíritu por completo. Me desprendo de mi antigua forma de pensar y traigo amor divino, luz y verdad a mi experiencia. Siento amor conscientemente por todos los que conozco. Mentalmente les digo a quienes encuentro: "Reconozco la divinidad en ti y sé que tú reconoces la divinidad en mí". Veo las cualidades divinas en todos. Practico esto mañana, tarde y noche; es parte viva de mí. Renuevo mi espíritu ahora, manteniendo la Presencia de Dios todo el día. No importa lo que haga, cada vez que mi mente se aleja de Él o del bien, la reconduzco a contemplar Su Santa Presencia: me siento noble, digno y semejante a Dios. Camino alegre sintiendo mi unidad con Él. Su paz inunda mi alma.

Cosechando Bendiciones

La clave para la confianza en uno mismo reside en reconocer que el digno de confianza absoluto habita en tu interior. Esta presencia divina mora en tus profundidades subjetivas, guiando tus acciones y pensamientos, incluso cuando duermes. Confía en este Poder y la respuesta será tuya. El punto de contacto está dentro de ti.

Fortalece tu autoconfianza afirmando frecuentemente: Dios mora en mí y me guía en cada momento. Supero los obstáculos con Su poder que me fortalece. Si Dios está conmigo, ¿quién puede estar contra mí? Afronto los desafíos con valentía, sabiendo que Dios revela la solución. Cada problema se resuelve divinamente. Dios me ama y cuida de mí. Sumérgete en estas verdades cada mañana y noche, permitiendo que penetren en tu subconsciente. Así te moverás por la vida con fe y confianza permanentes, victorioso ante cualquier problema.

Un joven farmacéutico convirtió el ser despedido injustamente en la mejor oportunidad de su vida. En vez de amargarse, confió en que la Inteligencia Infinita lo guiaba hacia su próximo paso. Compartió la situación con su suegro, quien le ofreció el dinero para comprar su propia farmacia. El negocio fue tan exitoso que pudo pagar la deuda y adquirir una segunda tienda. Su confianza en sí mismo no solo le trajo enormes beneficios económicos, sino también seguridad, aplomo y buen humor. Recuerda, la autoconfianza es contagiosa y te ayuda a alcanzar tus deseos.

Otro hombre superó dificultades financieras y el rencor hacia sus hermanos que lo habían estafado, entregándolos a Dios y confiando en Él como su fuente eterna de sustento. Afirmó: "El amor de Dios llena mi alma. Tengo suprema confianza en Su guía. La riqueza de Dios fluye hacia mí libre e infinitamente". Mientras cuidaba desinteresadamente de su anciana abuela, ella falleció dejándole una herencia que superaba con creces lo que sus hermanos le habían quitado. Su confianza en la Fuente de toda bendición le trajo una cosecha abundante.

Uno de los mejores momentos para desarrollar la autoconfianza es al acostarte, en un estado relajado y sosegado, cuando tu mente subconsciente es más receptiva a nuevas ideas. Durante el sueño, estas ideas germinan determinando la mejor forma de atraer riqueza y éxito a tu vida.

Un ejecutivo atormentado por el miedo al fracaso y la bancarrota, afirmaba cada noche antes de dormir: "Duermo en paz y despierto con alegría, Dios me guía y revela el plan perfecto. Mi negocio es asunto de Dios y siempre prospera. La riqueza fluye en mi vida con excedente. Atraigo más clientes y ofrezco un mejor servicio cada día. Mis empleados están bendecidos y prósperos. La felicidad y riqueza de Dios reinan en todos. Tengo absoluta confianza en mi ser superior, que es Dios".

Al impregnar su subconsciente con estos patrones de vida, su negocio cambió. Una corporación multinacional ofreció comprar su empresa a un precio ventajoso. Pudo pagar sus deudas y retirarse. Los caminos de tu mente Divina son insondables. Tú también puedes comprobar cómo tu subconsciente amplifica todo lo que depositas en él.

Valórate y acepta quién eres, una expresión única de la divinidad, un hijo del Dios Viviente. Basa tu renovada comprensión de ti mismo en la Inteligencia Suprema que reside en tu interior, siempre respondiendo a tus pensamientos. Confía en lo eterno, lo que permanece igual ayer, hoy y siempre. Teologías, gobiernos y sistemas cambian, pero cuando confías en el Principio de Vida interior, nunca carecerás de lo bueno. Recuerda: "No temeré mal alguno, porque tú estás conmigo" (Salmo 23:4), y "Pues él dará órdenes a sus ángeles acerca de ti, para protegerte en todos tus caminos" (Salmo 91:11).

Una joven vendedora superó su complejo de inferioridad por no haber ido a la universidad, afirmando regularmente: "Soy una hija única de Dios. Dios me ama y cuida de mí. Cuando me critique, diré: Exalto a Dios en mi interior. Dios se expresa maravillosamente a través de mí. Irradio amor y paz a todos. Reconozco que mi verdadero Ser es Dios y respeto profundamente la Divinidad que me creó". Al meditar en estas verdades, su inseguridad desapareció. Empezó a tomar cursos, ascendió a un puesto de liderazgo y encontró el amor. Al conectar con su riqueza interior, manifestó las riquezas de la vida.

La confianza y alabanza de otros también despierta nuestro potencial. Un estudiante con miedo a unirse a una clase avanzada, escuchó: "Tienes la Inteligencia Infinita dentro de ti que siempre responde. Con fe en Dios y Sus leyes, puedes hacerlo. Él te guiará y revelará lo que necesitas saber". Animado, aceptó el desafío. Hoy es el mejor de su clase y considera hacer un posgrado.

Un abogado preocupado por la carrera estancada de su talentosa esposa, decidió afirmar silenciosamente varias veces al día: "Mi esposa es un tremendo éxito. La Infinita Sabiduría dentro de ella es omnisciente y todopoderosa. Avanza constantemente, sus talentos son descubiertos y apreciados. Está divinamente guiada y su éxito se manifiesta ahora. Doy gracias porque lo que afirmo despierta el don de Dios en ella". En tres meses, ella publicó un artículo importante, fue promovida y ganó una prestigiosa beca. Está materializando la creencia interna de su esposo en sus habilidades.

Invoca Ahora Tus Riquezas

En los antiguos templos se escribieron estas palabras: "El médico cuida la herida, pero Dios sana al paciente". Existe un único Poder Sanador Universal, omnipotente y omnipresente. Este poder se encuentra en todas partes, desde las estrellas hasta la tierra, desde un gato hasta un elefante, desde un perro hasta un gusano. Aunque las personas lo llaman por diversos nombres como Dios, Alá, el Alma Superior, la Divina Providencia, la Naturaleza, la Inteligencia Cósmica y muchos otros, cada uno de estos nombres simplemente apunta a la misma Presencia Sanadora Infinita.

Este maravilloso poder de curación reside en tu mente subconsciente, la cual es la creadora de tu cuerpo. Este poder puede sanar una condición financiera enferma, un hogar fracturado, un cuerpo afectado por enfermedades, conflictos matrimoniales, angustia emocional y todo tipo de problemas. Cuando eras joven, seguramente te lastimaste muchas veces, pero en la mayoría de los casos, ignorabas el dolor, confiando en que el proceso de curación se encargaría de ello. Es solo a medida que envejecemos y adquirimos "sabiduría" que comenzamos a perder esa confianza instintiva en lo que algunos llaman la Sabiduría del Cuerpo.

El verdadero amor libera y permite a la otra persona seguir su propio camino. Cuando liberas con amor a alguien, experimentas tú mismo una profunda curación y paz interior. Si tratas de imponer tu voluntad o manipular a otros, solo generas más conflicto. Pero cuando entregas a tus seres queridos al cuidado de Dios, confiando en que la Inteligencia Infinita los guiará correctamente, tanto ellos como tú encontraréis armonía y bendiciones.

Ora de esta manera: "Entrego completamente a \[nombre\] a Dios. Sé que la Inteligencia Infinita lo/la guía en todos los aspectos. La acción divina reina supremamente. Comprendo que lo que es correcto para él/ella es también correcto para mí. Le otorgo total libertad, pues el amor libera, otorga y es el espíritu divino. Experimentamos armonía, paz y entendimiento entre nosotros. Le deseo todas las bendiciones de la vida. Lo/la libero y lo/la dejo ir."

Cuando oras así por otros con devoción, no solo contribuyes a su bienestar, sino que también recibes bendiciones multiplicadas en tu propia vida. El amor incondicional es la plenitud de la ley que conduce a la salud, la felicidad, la prosperidad y la paz mental. Como dice la

Biblia en 1 Juan 4:18, "En el amor no hay temor, sino que el perfecto amor echa fuera el temor".

Magia Menta Para La Abundancia

La serenidad mental es la clave para alcanzar el éxito, la salud, la vitalidad y nuevas ideas creativas. Al meditar regularmente en ciertas afirmaciones bíblicas, puedes activar el poder latente en lo más profundo de tu mente subconsciente, impulsándote hacia el progreso y la conexión con la Presencia Suprema. Confucio dijo: "El hombre superior siempre está tranquilo y calmado", mientras que Isaías 30:15 afirma: "En quietud y confianza estará tu fortaleza".

Proverbios 16:32 nos recuerda: "El que es lento para enojarse es mejor que el poderoso; y el que gobierna su espíritu, que el que toma una ciudad". Deuteronomio 16:15 promete: "El Señor tu Dios te bendecirá en todo tu aumento, y en todas las obras de tus manos, por lo tanto, ciertamente te regocijarás". Y el Salmo 127:1 advierte: "Si el Señor no construye la casa, en vano trabajan los que la edifican".

Meditando en estas verdades cada mañana, anclarás tu mente y te conectarás con la Inteligencia Infinita que reside en ti. Pídele en silencio a Dios que te guíe, te dé ideas nuevas y creativas, dirija tus actividades diarias y hable, piense y actúe a través de ti. Visualiza el flujo de paz divina recorriendo todo tu ser. A menudo, en esos momentos de tranquilidad, surgen soluciones a problemas difíciles.

Para obtener respuestas rápidas, entrega tus preocupaciones a un lugar de calma interior. La solución puede llegar en cuestión de horas o días, generalmente cuando estás enfocado en otra cosa, ya que tu mente subconsciente trabaja en segundo plano para reunir la información necesaria y presentártela en el momento adecuado.

Si enfrentas críticas o pensamientos negativos de otros, recuerda que la tranquilidad no puede ser perturbada por factores externos. Conéctate con tu interior y comprende que eres dueño de tu mente. Las mentiras o actitudes de los demás no pueden afectarte a menos que tú lo permitas.

Ante la ansiedad y la tensión, afirma verdades espirituales de la Biblia en silencio y con intención. Gradualmente experimentarás una mayor tranquilidad al reconocer que la paz es un poder dentro de ti mismo.

Si te preocupa tu desempeño laboral, usa tu imaginación de manera constructiva. Visualízate siendo elogiado por tus logros y ascensos. Al repetir esta película mental con calma y receptividad, mejorarás tus resultados y alcanzarás el éxito deseado.

La verdadera competencia en la vida se encuentra en la lucha entre la idea del éxito y la idea del fracaso en tu propia mente. Enfoca tu atención en el triunfo, ya que el Infinito no conoce el fracaso. Tu subconsciente te respaldará e impulsará hacia el éxito si nutres pensamientos positivos.

El pasado ya no tiene relevancia, solo importa el presente. Nutrir pensamientos envidiosos o sentimientos de inferioridad bloquea tu crecimiento en todos los aspectos. El remedio es bendecir sinceramente a aquellos cuyo éxito te causa celos y desearles mayor prosperidad. Cada vez que su imagen venga a tu mente, declara: "Dios multiplica tus bendiciones". Así sanarás tu propia mente y abrirás la puerta a las riquezas infinitas.

Como dice Job 22:23: "Si vuelves al Todopoderoso, serás edificado". Al bendecir a otros, también eres bendecido. La envidia y la carencia desaparecen.

Si sufres de ansiedad y preocupación, especialmente ante exámenes o pruebas, afirma en silencio antes de dormir: "Estoy relajado, en paz, sereno y tranquilo. Mi memoria es perfecta para todo lo que necesito saber en cada momento y lugar. Estoy guiado divinamente y me siento completamente en paz durante las evaluaciones. Apruebo todo en orden divino. Duermo en paz y despierto con alegría". Estas afirmaciones se hundirán en tu subconsciente, liberando tus habilidades latentes y tu memoria.

Practica regularmente esta meditación para cultivar la serenidad mental y atraer los deseos de tu corazón:

"Los que están plantados en la casa del Señor florecerán en los atrios de nuestro Dios" (Salmos 92:13). Me encuentro en calma y en paz. Mi corazón y mi mente están inspirados por la bondad, la verdad y la belleza. Me centro en la presencia de Dios en mi interior, que me tranquiliza. Comprendo que la creación es el Espíritu moviéndose sobre sí mismo. Mi Ser Verdadero está ahora creando paz, armonía y salud en mi cuerpo y en mis asuntos.

En lo más profundo, soy divino. Soy un hijo del Dios viviente y creo de la misma manera en que Dios crea, a través de la autocontemplación del espíritu. Mi cuerpo es impulsado por mis pensamientos y emociones. Le digo: "Permanece quieto y en silencio", porque esto es una ley divina. Desvío mi atención del mundo físico y me sumerjo en la presencia de Dios en mí. Medito y me regocijo en la armonía, la salud y la paz que emanan de la Esencia Divina. Estoy en paz. Mi cuerpo es un templo del Dios Viviente. Como dice Habacuc 2:20: "El Señor está en Su Santo Templo; calle delante de Él toda la tierra".

12. Prosperidad de la Noche a la Mañana

La vida en abundancia es tu derecho de nacimiento. Como se menciona en Juan 10:10, "He venido para que tengas vida, y la tengas en abundancia". Esto significa que estás aquí para vivir plenamente, con alegría, éxito y riqueza en todos los aspectos. Naciste para vencer obstáculos y alcanzar tu máximo potencial, liberando tus talentos para bendecir al mundo.

La clave está en invocar la Inteligencia Infinita dentro de ti para descubrir tu verdadero propósito. Sigue la guía de tu mente consciente y, cuando encuentres tu verdadera vocación, la felicidad plena te seguirá, junto con la salud, la riqueza y todas las bendiciones de la vida. Tu prosperidad depende de tus pensamientos habituales y tu deseo de transformación. Recuerda, tu visión determina tu destino. Aquello en lo que enfocas tu atención será amplificado y multiplicado en tu vida por tu mente subconsciente.

Acepta La Riqueza y Felicidad Que Te Pertenece

No postergues tu felicidad y prosperidad para un futuro incierto. Muchos esperan a que sus hijos crezcan, a jubilarse o a que algo suceda para empezar a disfrutar la vida. Pero Dios está presente en el eterno ahora, y tu bienestar está aquí, en este momento, esperando ser reclamado. Tienes el poder de vivir una vida plena y próspera en tus manos ahora mismo.

Hay quienes sueñan con ganar la lotería o dejar su huella en el mundo algún día, mientras sufren dolencias físicas esperando una cura futura. Pero todos los poderes de Dios ya residen dentro de ti. Puedes afirmar que el río de paz de Dios fluye a través tuyo ahora mismo. La Presencia Sanadora Infinita está siempre disponible, y puedes declarar que fluye por ti en este instante, haciéndote completo y perfecto.

Cuando reconoces que la riqueza y la sanación están disponibles en el presente, puedes manifestarlas rápidamente. Afirma diariamente: "La Presencia Sanadora de Dios impregna todo mi ser, y el Amor Divino fluye a través de cada parte de mí. Mi cuerpo refleja el amor de Dios y es completo, puro y perfecto". Para la prosperidad, declara con fe: "La riqueza de Dios fluye en mi vida ahora. Estoy imprimiendo esta idea en mi mente subconsciente, y sé que se manifestará. Mi subconsciente responderá guiándome a manifestar riqueza". Al orar así, nuevas ideas creativas surgirán, llevándote a oportunidades y abundancia.

Reclama Tus Riquezas

La fuerza, el amor y la guía están presentes en este momento. Invoca el Poder Infinito de Dios dentro de ti, y responderá revitalizándote. Afirma que el Amor Divino te envuelve y se manifiesta en todas las áreas de tu vida. La Inteligencia Infinita responderá a tu llamado revelándote las respuestas que buscas. Reclama tu bienestar ahora, dando forma y expresión a lo que siempre ha sido y será.

Planea Tu Futuro

Recuerda que cuando planeas o te preocupas por el futuro, lo haces en el presente. Tienes el control de tus pensamientos actuales. Solo necesitas cambiarlos y mantenerlos enfocados. Eres consciente de lo que piensas en este momento. Tus logros serán la manifestación de tus pensamientos habituales presentes.

Evita a Estos Dos Ladrones

El "pasado" y el "futuro" son dos ladrones expertos. El remordimiento por errores pasados y el miedo al futuro te privan de la alegría y paz mental en el ahora. Comienza a reconocer las bendiciones que tienes en este momento y deshazte de estos ladrones.

Pensar en momentos felices del pasado es fuente de alegría en el presente. Los resultados de eventos pasados reflejan tus pensamientos actuales. Dirige tus pensamientos presentes hacia lo positivo. Establece en tu mente la paz, la armonía, la alegría, el amor, la prosperidad y la buena voluntad. Enfócate en estas cosas, como se menciona en Filipenses 4:8, "lo que sea verdadero, honesto, justo, puro, hermoso, de buena reputación, si hay alguna virtud y algo digno de elogio, enfócate en estas cosas". Esta es la medicina espiritual para construir un futuro glorioso.

13. El Poder Metafísico Del Ayuno Para Atraer Abundancia Y Prosperidad

En este capítulo, te mostraré una de las herramientas más poderosas que la humanidad ha utilizado para atraer abundancia y prosperidad: el poder metafísico del ayuno. Desde invocar lluvias para aumentar las cosechas hasta lograr milagros de sanación, el ayuno ha sido una constante en todas las culturas como un sacrificio efectivo. Se trata de inclinar la cabeza con humildad ante la energía del universo, mostrando que seguimos sus leyes bajo el poder del "YO SOY", y que estamos dispuestos a ofrecer algo a cambio de recibir.

Pero, ¿por qué, si somos el "YO SOY" todopoderoso, necesitamos "humillarnos" mediante el ayuno para ganarnos el favor de la energía universal? Es simplemente un intercambio de energía. Incluso Jesús, siendo el hijo de Dios y la encarnación divina en este plano físico, ayunó durante 40 días. Así somos nosotros también.

Quiero que sepas que este capítulo te presentará una idea muy poderosa: el ayuno no es indispensable, pero considera utilizarlo como una herramienta para atraer abundancia.

Antes de seguir, es importante que te diga: siempre consulta a tu médico para determinar si el ayuno es seguro y adecuado para ti, tomando en cuenta tu estado de salud y tu historial médico. Si tienes antecedentes de trastornos alimenticios u otros problemas médicos o psiquiátricos, el ayuno podría no ser recomendable para ti.

"¿No es éste el ayuno que yo elijo:

desatar las ataduras de la maldad,

para desatar las correas del yugo,

dejar libres a los oprimidos

y romper todo yugo?

¿No es compartir tu pan con el hambriento

y traer a tu casa a los pobres sin techo,

cuando veas al desnudo, cubrirlo,

y no esconderte de tu propia carne?

Entonces brotará tu luz como el alba

y tu curación brotará pronto;

tu justicia irá delante de ti;

la gloria del Señor será tu retaguardia."

Isaías 58:6-8

En las Escrituras, el ayuno se asocia a menudo con la petición a Dios de un resultado o avance específico. El profeta Isaías describe un tipo de ayuno que afloja las ataduras, rompe los yugos y hace brotar la luz como el alba. Este capítulo explora cómo el ayuno puede utilizarse como una poderosa herramienta metafísica para manifestar abundancia y riqueza en tu vida.

El poder del sacrificio

En esencia, el ayuno es un acto de sacrificio. Al abstenerte voluntariamente de comer durante un período de tiempo, estás haciendo una poderosa declaración a tu mente subconsciente y al Universo de que lo que estás buscando es más importante para ti que incluso tus necesidades y deseos físicos.

Este sacrificio sirve para potenciar tus pensamientos e intenciones. Como una lupa que enfoca los rayos del sol, el ayuno concentra el poder de tu mente y de tu voluntad. La intensidad de tu anhelo se amplifica a través del crisol del hambre.

A lo largo de la historia, grandes líderes espirituales y místicos han utilizado el ayuno para lograr hazañas increíbles y visiones profundas. Moisés ayunó durante 40 días antes de recibir los Diez Mandamientos. Jesús ayunó

40 días antes de comenzar su ministerio. Buda alcanzó la iluminación tras un prolongado ayuno.

Siguiendo los pasos de estos grandes maestros, tú también puedes acceder a reinos superiores de manifestación y abundancia a través de la práctica del ayuno. Al alinear tus acciones con tus intenciones más profundas a través del ayuno, estás haciendo que tus pensamientos y deseos sean más reales y más poderosos a nivel metafísico.

Sintonizando con el YO SOY a través del Ayuno

A un nivel más profundo, el ayuno ayuda a sintonizar tu conciencia con la verdadera fuente espiritual de riqueza: tu propio Ser Superior o Presencia YO SOY. Al someter el interminable parloteo y los deseos de la conciencia del ego/cuerpo a través del ayuno, el portal hacia tu Ser Divino se abre más y se vuelve más accesible.

Según el gran maestro metafísico Neville Goddard, la clave para la manifestación efectiva es encarnar el sentimiento de tu deseo cumplido. Debes pensar y sentir DESDE el estado de tener ya lo que deseas, no de esperar tenerlo en el futuro.

El ayuno facilita esta encarnación de varias maneras poderosas:

Al aquietar la mente y el sistema nervioso mediante el ayuno, creas una quietud interior y una receptividad que permiten que emerja tu conciencia YO SOY. Al igual que en la historia bíblica de Elías, es en la "tranquila y pequeña voz" -no en el terremoto, el viento o el fuego- donde se encuentra Dios. El ayuno te ayuda a estar lo suficientemente quieto como para sentir la riqueza y la abundancia que es tu derecho de nacimiento como hijo del Infinito.

Las sensaciones físicas del ayuno -ligereza, claridad, incluso dicha y euforia en ayunos prolongados- te dan una sensación tangible de lo que es estar libre de carencias, limitaciones y pesadez. Experimentas directamente la sensación de ser rico, abundante, alegre y libre. Al anclar este sentimiento en tu cuerpo a través del ayuno, es más fácil seguir sintiéndolo después del ayuno y así manifestarlo en tu vida.

El ayuno a menudo saca a relucir y te obliga a enfrentarte a los programas de pobreza del ego: las creencias subconscientes de carencia e indignidad que bloquean el flujo natural de la abundancia. Al encontrarse con estas falsas creencias en el fuego purificador del ayuno, pueden disolverse y liberarse más fácilmente, creando espacio para que arraigue un nuevo programa de riqueza y prosperidad.

De esta manera, el ayuno es como un botón de reinicio metafísico - ayudando a limpiar lo viejo, alinearte con tu naturaleza divina, e imprimir en la mente subconsciente la sensación de riqueza y abundancia. Cuanto más se imprima esta nueva imagen de abundancia, más poderosamente se manifestará en tu vida exterior y en tus asuntos.

Prácticas de ayuno para la riqueza y la abundancia

He aquí algunas formas específicas en las que puedes aprovechar el poder del ayuno para manifestar riqueza y prosperidad:

Ayunos de abundancia: Haz un ayuno de 1, 3, 7 o 40 días con la intención específica de abrirte a una mayor abundancia y riqueza (Por supuesto, asegúrate de consultar con tu médico antes de hacer cualquier ayuno prolongado para asegurarte de que es seguro y apropiado para ti). Durante el ayuno, medita profundamente sobre la abundancia, visualízate viviendo una vida próspera y genera el sentimiento de gratitud y alegría. Deja que aflore cualquier pensamiento o creencia de carencia para liberarlo. Recita afirmaciones como "YO SOY riqueza, YO SOY abundancia, YO SOY prosperidad" durante todo el ayuno.

Ofrendas de abundancia: Renuncia o sacrifica algo que te gusta, como el café, el postre o las redes sociales durante un periodo de tiempo como ofrenda para activar una mayor abundancia. Dedica la energía que habrías gastado en esa cosa a visualizar y sentir tu deseada vida rica en su lugar.

Diezmo de la abundancia: Ayuna un día a la semana o al mes y dona el dinero que habrías gastado en comida ese día a una organización benéfica o causa en la que creas como forma de hacer circular la abundancia y afirmar el principio de que "dar y recibir son uno." Siempre que diezmes desde una conciencia de abundancia y no de carencia, te colocarás en la corriente de la prosperidad divina.

Ayunos de gratitud: Haz un ayuno corto (como saltarte una comida) y dedica ese tiempo a hacer una lista de gratitud y sentir profundamente la realidad de toda la abundancia que ya está presente en tu vida, como una forma de preparar tu subconsciente para más. Meditar sobre la verdad de que todo el Universo es abundancia ayudará a anclar este conocimiento.

Ayuno de creencias: Observa cualquier miedo recurrente o creencia de carencia que surja en tu conciencia y luego haz un breve ayuno de dedicación para a) encontrarte directamente con esa creencia, b) separar tu identidad de ella y c) permitir que se disuelva en la luz de tu presencia YO SOY. Creencias de pobreza comunes para limpiar incluyen "No merezco la riqueza", "El dinero es malo", "No soy lo suficientemente bueno/inteligente para ser rico".

Utilizando estas técnicas de ayuno de forma consistente con una actitud de curiosidad, aprecio y sin juzgar, empezarás a disolver las barreras internas a la riqueza y activarás el poder de atracción de tu mente subconsciente. Como es dentro, es fuera - como te sientas rico y abundante en el interior, tu mundo exterior debe comenzar a reflejar y confirmar ese conocimiento.

La riqueza definitiva

Para terminar, es importante recordar que desde la perspectiva metafísica más elevada, ya eres infinitamente rico y abundante - porque el verdadero Tú es uno con el suministro ilimitado y la prosperidad de Dios. El Reino de los Cielos ya está dentro de ti.

El ayuno, entonces, es simplemente una herramienta para ayudarte a disolver las nubes de falsas creencias e ilusiones que velan esta verdad espiritual. A través del acto de sacrificio del ayuno, te estás realineando con tu herencia divina y recordando la prosperidad que es tu derecho de nacimiento.

Al hacerlo, te conviertes naturalmente en un imán para las riquezas de este mundo - porque la materia debe seguir la forma de la conciencia. A través del ayuno, estás construyendo la conciencia de la riqueza que atraerá sin esfuerzo su reflejo material.

Que te deleites con el verdadero pan de la vida para que nunca vuelvas a tener hambre. Que bebas de la fuente interior de la prosperidad que nunca se seca. Y que todo lo que necesites para expresar lo más elevado de ti te sea proporcionado de manera perfecta. Porque el Padre quiere darte el Reino. Amén.

Anexo: 100 Claves Metafísicas de Prosperidad y Abundancia

1. Tú eres la expresión divina de la abundancia. Estás aquí para vivir una vida plena, llena de felicidad, alegría, salud y prosperidad. Comienza ahora a liberar la riqueza que se encuentra en tu interior.

2. Las verdaderas riquezas residen en tu mente subconsciente. Cree en la ley de la abundancia y recibirás. Para erradicar la pobreza, primero debemos desterrar las falsas creencias de las mentes de las personas.

3. Dios reside en cada ser humano. Conéctate con la Inteligencia Infinita y el Poder Infinito que está disponible instantáneamente a través de tus pensamientos.

4. Afirma la guía, la abundancia, la riqueza, la seguridad y la acción correcta. Practica la meditación en estas verdades y tu mente subconsciente responderá de acuerdo.

5. Tus pensamientos tienen el poder de manifestarse en tu vida. Los pensamientos de prosperidad, riqueza, expansión y logro, si no los contradices, se materializarán en tu realidad.

6. Desea para los demás lo que deseas para ti mismo, y eso se manifestará en tu experiencia.

7. Lo que crees y afirmas con convicción se convertirá en tu realidad. Afirma la riqueza, la salud, la belleza, la seguridad y la acción correcta, y verás cómo se materializan en tu vida.

8. Crea la creencia de que Dios multiplicará abundantemente tu dinero, tanto ahora como para siempre. Siéntelo en tu corazón todos los días de tu vida.

9. Elige pensamientos, imágenes e ideas que sanen, bendigan, inspiren, dignifiquen y eleven tu ser en su totalidad.

10. Reconoce que todo lo que ves en este universo proviene de la mente invisible de Dios o del ser humano. Tu imagen mental de la riqueza crea riqueza.

11. Enfócate en pensamientos de prosperidad y riqueza en todas sus formas. Tu subconsciente responderá a tus pensamientos habituales.

12. Imagínate a ti mismo como exitoso y próspero en este momento. A pesar de los obstáculos y desafíos aparentes, experimentarás los resultados de tu imagen mental.

13. Acepta tu riqueza, salud y éxito en este momento. Dios es el Eterno Ahora, lo que significa que tu bienestar es ahora.

14. Diseña un futuro rico y glorioso desde ahora. Tu futuro es la manifestación de tus patrones de pensamiento presentes.

15. Libérate del remordimiento por errores pasados y de la preocupación por el futuro. Enfócate en el presente y alinea tus pensamientos con la salud, la riqueza y el éxito.

16. Eres soberano de tus pensamientos, imágenes, ideas y respuestas. Dirige tus pensamientos hacia lo que deseas manifestar.

17. El amor siempre se expresa hacia afuera. Ama a tu Ser Superior, reconociéndolo como la fuente de todas las bendiciones.

18. Irradia amor, paz y buena voluntad hacia todas las personas. Al hacerlo un hábito, recibirás innumerables bendiciones.

19. La Presencia Sanadora Infinita está en todas partes y es la solución a todos los problemas, desde problemas de salud hasta financieros.

20. Desarrolla una mente tranquila anclando tus pensamientos en la Presencia Suprema. La calma mental te protege de los problemas y te conecta con el Poder Divino.

21. Reclama todo tu bienestar ahora. No estás creando nada nuevo; simplemente estás dando forma y expresión a lo que siempre ha sido, es y será.

22. Recuerda que eres único y posees cualidades, habilidades y talentos especiales. Afirma que Dios revela tu verdadera expresión y las puertas se abrirán para que te expreses divinamente.

23. Ten fe en que cuando invoques la inteligencia infinita, esta te responderá. Cualquier idea que sientas como verdadera se imprimirá en tu mente subconsciente y se manifestará.

24. Exige lo mejor de la vida y lo mejor llegará a ti. Comprende que eres uno con lo infinito, y lo infinito nunca falla.

25. Visualiza la belleza y las riquezas de Dios fluyendo libremente a través de tus pensamientos, palabras y acciones. Experimentarás los resultados de tus pensamientos y podrás compartir las riquezas adquiridas.

26. Reconoce que la Inteligencia Infinita te está guiando y que la sabiduría Divina gobierna todas tus actividades diarias. Dios piensa, habla y actúa a través de ti todos los días.

27. Cuando aquietas tu mente y enfocas tu atención, comprendes que solo Dios conoce la respuesta. Contempla la respuesta y la solución, sabiendo que antes de que llames, la respuesta es conocida por tu Ser Superior.

28. Afirma que el Espíritu Infinito te está abriendo una nueva puerta de oportunidades financieras y responderá en consecuencia. Esta ley nunca falla.

29. Considera el dinero como la manifestación de la idea divina, fluyendo entre las naciones y manteniendo la salud económica. Afirmar que el dinero circula en tu vida permitirá que tu subconsciente se encargue de proporcionarte todo el dinero que necesitas.

30. Cambia tu actitud hacia el dinero y reconoce que tienes derecho a ser generosamente recompensado por tu trabajo. Piensa en el bien que puedes hacer cuando el dinero fluye libremente en tu vida.

31. Asegúrate de afirmar constantemente que usas el dinero de manera sabia, juiciosa y constructiva, tanto para tu propio beneficio como para el de toda la humanidad.

32. Abraza la conciencia de la riqueza divina que te rodea. Vive con la expectativa alegre de lo mejor y, mediante la ley de la atracción, atraerás las riquezas del infinito que residen en tu propio subconsciente.

33. Aquello en lo que te concentras crece, se magnifica y se multiplica en tu vida. Dirige tu atención hacia lo hermoso y positivo. Irradia abundancia, bondad y riqueza a los demás.

34. Celebra el progreso, la buena fortuna, la prosperidad y el éxito de quienes te rodean. Al hacerlo, atraerás riqueza en todas sus formas hacia tu propia vida.

35. Ofrece lo mejor en tu lugar de trabajo y recibirás lo mejor a cambio. Sé amable, cordial y compasivo. Extiende tu buena voluntad a todos. A medida que lo hagas, todas las puertas se abrirán para tu crecimiento, expansión y prosperidad.

36. Afirma audazmente que las riquezas infinitas fluyen hacia ti en un flujo constante de abundancia. Decláralo con audacia y el Infinito responderá.

37. Reflexiona sobre las infinitas riquezas dentro de tu mente subconsciente. Contempla la armonía, la paz, la alegría, el amor, la guía y el éxito. Estos son principios de la vida, y al enfocarte en una vida más abundante, activarás los poderes latentes dentro de ti.

38. Abraza el impulso divino dentro de ti que anhela una expresión más plena, más grande y más expansiva en todas las etapas de tu vida. Estás aquí para crecer y experimentar abundancia en todos los niveles.

39. Reconoce que el Espíritu es la verdadera esencia del dinero, la comida y la ropa. Todo lo material es simplemente el Espíritu tomando forma, haciéndose visible.

40. Afirma que Dios es tu suministro instantáneo y eterno, satisfaciendo todas tus necesidades financieras en este momento. Visualiza que les entregas un cheque a cada uno de tus acreedores y que te sonríen y te felicitan.

41. Alégrate y sé profundamente feliz porque cada acreedor se paga ahora mismo y la abundancia de Dios fluye en tu vida, prosperando más allá de tus sueños más queridos.

42. Evita hablar de carencia, limitación o la incapacidad de llegar a fin de mes, ya que esto solo multiplicará tu sufrimiento. Piensa en las abundancias de Dios.

43. Recuerda que la verdadera sanación ocurre cuando tu mente consciente y subconsciente están alineadas, y crees de corazón en la Presencia Sanadora Infinita.

44. Libera el pasado y no te aferres a antiguas quejas o resentimientos. Tu futuro se construye a partir de tus pensamientos presentes. Enfócate en la armonía, la belleza, el amor, la paz y la abundancia.

45. Reflexiona claramente sobre las razones por las que todas las cosas, visibles e invisibles, provienen de una

única Fuente. Todo lo creado por la humanidad y por Dios emana de la misma mente.

46. Comprende que Dios, o la Inteligencia Infinita, no hará nada por ti excepto a través de tu pensamiento, imágenes y elecciones. Lo Universal no puede actuar sobre el individuo excepto que se convierta en el individuo.

47. Escucha la voz interna de la intuición, de donde extraes bellezas y glorias que yacen en tu interior. Tu mente subconsciente te protege en todo momento.

48. Comprende que el amor es el cumplimiento de la ley para la salud, la felicidad, la riqueza y el éxito. El amor es la buena voluntad hacia todos, y lo que deseas para los demás, lo deseas para ti mismo.

49. Libera a tus seres queridos a Dios, deseándoles bendiciones en su vida. Dejarlos ir es liberador y elimina el sufrimiento. Confía en que la Inteligencia Infinita los guía hacia la acción divina correcta.

50. Recuerda que no estás vendiendo tu edad a los empleadores, sino tus talentos, habilidades, sabiduría y experiencia acumulada con los años. Lo que buscas también te está buscando a ti.

51. Afirma que la ley y el orden divinos gobiernan tu vida. La paz divina es tuya. El amor divino llena tu alma. La armonía divina reina suprema. La belleza divina llena tu alma. Eres inspirado y divinamente guiado en todos los sentidos.

52. Recuerda que la única competencia real ocurre en tu mente, donde compiten las ideas de éxito y fracaso.

Naciste para tener éxito, no para fracasar. El Infinito dentro de ti no puede fallar.

53. Acepta que eres un instrumento de Dios y que Dios te necesita donde estás. Cuando comprendes que eres amado, necesario y deseado, experimentas una transformación completa.

54. Cultiva una relación amigable con el dinero. Reconoce que todo proviene de la mente invisible de Dios o de seres humanos. Comprende que Dios, o el Espíritu Infinito, es la Fuente de todas las bendiciones y que responderá cuando lo invoques.

55. Afirma que el amor de Dios llena tu alma y las riquezas de Dios te pertenecen ahora. Serás liberado de los celos y la mala voluntad, y prosperarás.

56. Comprende que el perdón completo debe reemplazar toda culpa, rencor y resentimiento. Sabes que has perdonado a otros cuando ya no sientes dolor en tu mente.

57. Reconoce que el Principio de Vida (Dios) nunca castiga. Esta Presencia siempre busca sanarte y hacerte completo. La autocondena y la autocrítica son venenos mentales destructivos.

58. Llena tu mente con patrones de pensamiento que generen vida, y eliminarás y reemplazarás todo lo que no sea de Dios.

59. Acepta que tienes derecho a ser generosamente recompensado por tu trabajo, ya sea escribiendo, enseñando, haciendo jardinería o cualquier otra ocupación.

60. Afirma que usas el dinero de manera sabia, juiciosa y constructiva, tanto para tu propio beneficio como para el de toda la humanidad. También afirma que el Infinito revela mejores maneras en las que puedes servir.

61. Comprende que la pobreza es una enfermedad de la mente. Creer en la escasez y la carencia conduce a limitaciones. La riqueza es una cuestión de actitud. Cree en la ley de la abundancia y recibirás.

62. Reconoce que el mayor secreto del mundo es que Dios reside en cada ser humano. La mayoría de las personas buscan riquezas y éxito en todas partes excepto en su interior.

63. Afirma que vives en constante expectativa de lo mejor, y lo mejor siempre viene a ti. Dios da vida, aliento y todas las cosas a todos.

64. Comprende que el crecimiento implica la multiplicación de tu bienestar en todos los niveles. Tú siembras, pero es Dios quien multiplica los granos mil veces para otorgarte el crecimiento.

65. Recuerda que eres el soberano absoluto de tus pensamientos, imágenes, ideas y respuestas. Puedes dirigir tus pensamientos como un empleador que instruye a sus empleados.

66. Comprende que amar a tu Ser Superior implica tener un respeto saludable y reverente por la divinidad dentro de ti, que es omnipotente, omnisciente y omnipresente.

67. Reconoce que cuando oras por un aumento en tu riqueza, evita culpar al gobierno, al sistema de bienestar o a los impuestos. Lo que buscas es más dinero. Reconoce que la abundancia de Dios fluye en tu vida y que siempre existe un exceso divino.

68. Afirma que Dios te abre el camino para realizar tus viajes en un orden divino y a través del amor divino. Imagina que abordas el avión y llegas a tu destino. Sumérgete en esta imagen hasta que sientas que es real.

69. Comprende que Espíritu y materia son uno. Energía y materia están unidas. Dios es la única presencia, poder, causa y sustancia; por lo tanto, el Espíritu es la verdadera esencia del dinero, la comida y la ropa.

70. Afirma que Dios o el Espíritu es tu fuente instantánea y eterna de provisión, y que el dinero fluye hacia ti de manera libre, alegre e infinita en este mismo momento.

71. Recuerda que la clave de tu bienestar, riqueza, prosperidad y éxito reside en tu capacidad de elección. Opta por lo que sea verdadero, hermoso, noble y semejante a Dios.

72. Comprende que tu poder de elección es tu privilegio más elevado, permitiéndote seleccionar de la infinita reserva dentro de ti todas las bendiciones de la vida.

73. Acepta que cuando eliges de acuerdo con las verdades universales y los principios de Dios, que nunca

74. Afirma que la bondad, la verdad y la belleza te seguirán todos los días de tu vida porque moras en la casa de Dios para siempre.

75. Recuerda que toda tu vida consiste en una serie de elecciones. Todas tus experiencias son la suma total de tus elecciones. Observa el tipo de pensamientos, imágenes e ideas que elijas.

76. Comprende que cuando buscas la verdad sinceramente y sabes que el Espíritu Infinito responde a la naturaleza de tus pensamientos, obtendrás resultados.

77. Acepta que recibirás respuestas e instrucciones de tu subconsciente según lo que meditas. Enfócate en pensamientos de abundancia, éxito y prosperidad.

78. Reconoce que las facultades extrasensoriales de tu mente más profunda pueden percibir las motivaciones y resultados futuros ocultos a la mente consciente. Si sientes intuitivamente que no debes tomar una cierta decisión, sigue esa sensación.

79. Afirma que eres un instrumento de Dios y que Dios te necesita donde estás. Cuando comprendes que eres amado, necesario y deseado, experimentas una transformación completa y comienzas a liberar las riquezas infinitas.

80. Comprende que la verdadera fe implica creer que la Presencia Infinita que te creó conoce todos los procesos y funciones de tu cuerpo, y que cuando te unes a ella con fe, los resultados seguirán.

81. Acepta que las emociones negativas y destructivas se arraigan en la mente subconsciente y pueden provocar diversas enfermedades. Libérate de la culpa, el remordimiento y el resentimiento.

82. Afirma: "Me perdono a mí mismo por albergar pensamientos negativos y destructivos sobre mí mismo y los demás, y me comprometo a no hacerlo más. Cada vez que un pensamiento negativo surja en mí, afirmaré de inmediato: 'El amor de Dios llena mi alma'".

83. Reconoce que tu piel es donde se encuentran los mundos interior y exterior. Las emociones de hostilidad, ira, rabia reprimida y resentimiento pueden manifestarse como enfermedades cutáneas. Llena tu mente con amor divino, paz y armonía.

84. Acepta que no importa lo que haya ocurrido en el pasado, puedes cambiarlo ahora. Llena tu mente con patrones de pensamiento que generen vida, y eliminarás y reemplazarás todo lo que no sea de Dios.

85. Afirma que tomas una decisión. Dejas atrás el pasado y llenas tu mente con amor divino, paz y armonía. Reconoces que el amor divino disuelve todo lo que no es como él.

86. Comprende que el Principio de Vida nunca castiga. Esta Presencia siempre busca sanarte y hacerte completo. La autocondena y la autocrítica son venenos mentales destructivos que desencadenan conflictos en tu sistema.

87. Acepta que eres un ser volitivo, y negarte a elegir es en realidad rechazar tu propia Divinidad. Puedes elegir de acuerdo con las verdades universales y los principios de Dios, que nunca cambian.

88. Afirma que eliges que la bondad, la verdad y la belleza te sigan todos los días de tu vida porque moras en la casa de Dios para siempre.

89. Comprende que Dios, o inteligencia infinita, no hará nada por ti excepto a través de tu pensamiento, imágenes y elecciones. Lo Universal no puede actuar sobre el individuo excepto que se convierta en el individuo.

90. Acepta que cuando te enfrentas a problemas domésticos difíciles, confías en la sabiduría y la inteligencia divina para encontrar la mejor solución. La oración de "Dejo ir y dejo que Dios se haga cargo" traerá la respuesta perfecta.

91. Afirma que liberas el pasado y no te aferras a antiguas quejas o resentimientos. Tu futuro se construye a partir de tus pensamientos presentes. Enfócate en la armonía, la belleza, el amor, la paz y la abundancia.

92. Comprende que no tienes control absoluto sobre tus hijos. Cuando enfrentes dificultades con tu hijo, ora de esta manera: "Suelto a mi hijo completamente a Dios. Mi hijo está siendo guiado divinamente en todos los aspectos, y el amor divino lo protege".

93. Acepta que cada vez que pienses en tu hijo, lo bendigas en silencio y recuerdes: "Dios ama a mi hijo y cuida de él". Haciendo esto, lo que suceda será para bien.

94. Afirma que reflexionas sobre las infinitas riquezas dentro de tu mente subconsciente. Contemplas la armonía, la paz, la alegría, el amor, la guía y el éxito. Estos son principios de la vida, y al enfocarte en una vida más abundante, activas los poderes latentes dentro de ti.

95. Comprende que tu subconsciente te impulsará a manifestar una vida abundante aquí y ahora. Los pensamientos tienen un poder real.

96. Acepta que la riqueza se acumula para aquellos que conscientemente sintonizan con la abundancia y esperan recibir más de las riquezas de Dios, que están en todas partes, atrayendo más riqueza, salud y oportunidades a sus vidas.

97. Afirma que las imágenes mentales de riqueza generan riqueza; las imágenes mentales de un viaje resultan en la oportunidad de realizarlo. Tu subconsciente siempre magnifica tus pensamientos.

98. Comprende que al abrazar la conciencia de la riqueza divina que te rodea y vivir con la expectativa alegre de lo mejor, mediante la ley de la atracción, atraerás las riquezas del infinito que residen en tu propio subconsciente.

99. Acepta que aquello en lo que te concentras crece, se magnifica y se multiplica en tu vida. Dirige tu atención hacia lo hermoso y positivo. Irradia abundancia, bondad y riqueza a los demás.

100. Afirma que una persona acomodada tiene la mentalidad de que la riqueza es tan natural como res-

pirar. Mantener esta actitud atraerá cada vez más riquezas de diversas formas. Adopta esta mentalidad y experimenta abundancia en todos los aspectos de tu vida.

Fin

Neville Jung

www.TusDecretos.com

Otros libros

Neville Goddard:
Haz Tus Deseos Realidad:
El Poder Infinito del YO SOY

William Walker Atkinson
MAGIA MENTAL EL SECRETO DEL ÉXITO: El Poder De La Sugestión Y La Ley De La Atracción

El Nuevo Juego de la Vida y Cómo Jugarlo:
Obras Completas de Florence Scovel Shinn Actualizadas para el Siglo XXI

Neville Goddard
SENTIR ES EL SECRETO DEL YO SOY: Incluye la obra Sentir es El Secreto y diez de las mejores conferencias de Neville Goddard actualizadas

Alan Watts
La Era de la Ansiedad
Sabiduría para asumir la inseguridad como camino hacia la paz interior.

Neville Goddard:
La Biblia: El Manual Secreto del "Yo Soy"
Simbología De La Biblia Revelada Como Un Poderoso Manual De Psicología.

Colección Así Será
El Juego de la Vida en el Siglo 21
(El Poder del YO SOY actualizado)
www.Asi-Sera.com

www.ingramcontent.com/pod-product-compliance
Lightning Source LLC
LaVergne TN
LVHW051133080426
835510LV00018B/2382